母女的世界

김지윤
金志允 著
陳思瑋 譯

愛有多少，傷害就有多少
有多親近，就有多麼埋怨

모녀의 세계

사랑한 만큼 상처 주고,
가까운 만큼 원망스러운

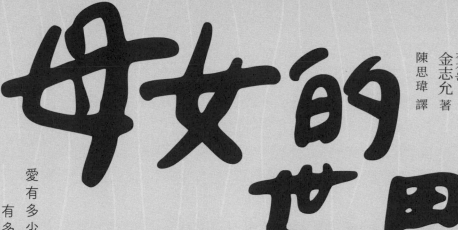

目錄

前言

寫給台灣讀者

二十歲時我人生第一次出國旅遊就是去臺灣，那趟旅行與其說是我個人的意願，不如說是被我那希望人生能過得更好的媽媽勸出去的。雖然我媽帶給我人生許多混亂與煩惱，不過很開心的是，想到「臺灣」這個國家，我就會想到媽媽也曾帶給我美好的事物，也想起了她那被我遺忘的一部分。

真的很開心聽說我的書要在臺灣出版，原來母女關係中那微妙的矛盾在台灣也受人關注，這真的很神奇。而且這個主題據說在亞洲圈內都能引起共鳴，我想母女關係真的是許多人正在糾結的重要關係煩惱吧。

其實從希臘母性神話狄蜜特與波瑟芬妮的故事中，我們就能看出對人類來說母女關係的矛盾有多深。大地女神狄蜜特有個女兒叫波瑟芬妮，波瑟芬妮有天被黑帝斯綁架到地獄去，女兒被搶走的狄蜜特憤怒地讓大地乾涸。因為母親失去女兒的憤怒會讓大地枯死，狄蜜特的丈夫宙斯介入協調，最終，一年之中有三分之二的時間黑帝斯會將波瑟芬妮送到大地上生活，但被帶到冥界生活的波瑟芬妮實際上卻是幸福度日的。這部神話故事展現了母親與女兒在情感上有多難分難捨，母女間的情感連結極強，若無地獄般的經歷，將難以讓母女各自獨立。

希望本書能幫助到很多台灣女性，在她們獨立的過程中提供協助，讓她們過上自己期望的生活。希望母女關係能從原先的兩個女人走向兩個人，成為自立又共存的關係。我很好奇台灣的母女們讀完這本書後，會講出什麼屬於她們的故事。

無論如何，我都希望你能走出屬於你的地獄，想多獨立就多獨立，想多幸福就有多幸福。

二〇二二年八月二十三日
金志允

序

變成情緒連體嬰的母女

我說要寫母女關係的心理相關書籍，大家回應我：

「哇……馬上寫吧！趕快寫給我看！」

「我真的快被我媽搞死了，這真的是很嚴重的問題。」

「一定要寫給我看喔！需要例子的話隨時告訴我，我很樂意提供我的實際例子。」

但是也有稍微不一樣的反應。

「嗯？母女關係也有這種難處嗎？」

「母女之間不就是很自在嗎？」

前者的反應來自於母親很「厲害」的女兒們，而後者的反應大多來自於對母女關係不太了解的男性，或是在母女關係中掌控權力的人。

母女關係貫穿母女兩個女人的人生，就算母親去世，她對女兒的影響也永遠也不會消失，因此我們幾乎能把母女關係視為永遠持續的關係模型。這種母女間的心理以自尊心為首，形成了個人的內在世界，進而對夫妻關係、戀愛關係、兒女養育方式等產生重大影響。母女間衝突的規模與故事遠比夫妻關係間的衝突來得更長久、更沒完沒了。

本書主要講述經常存在於母女間的心理與關係方面的問題，內容不僅包含針對各種主題的解決方式，我還會以女兒的身分重新詮釋自己的母親，如果發現母親對自己有不好的影響，也會一併提供擺脫負面影響的方法。

另外，寫這本書時，我積極運用了極為私人的自身經驗，還有至今我所認識的眾多女性們的事例（她們的名字都是假名，為防止大家猜測，我也稍加改編了她們的故事）。我的母親不平凡且受過很多傷，身為她的女兒，我在生孩子並為人母的整個過程中遇到太多問題，不得不去克服。從當女兒到為人母，沒有一件事是容易的，但我領悟到克服越多困難就會越幸福。

緊密的母女關係問題不僅是母女之間的問題，母女關係圍繞著她們的家人、丈夫、子女、婆家與娘家，到頭來問題都是一脈相承的，而且一切都和圍繞著她們的社會背景構造、傳統與痼疾問題共存。不過本書並不會涉及到整個龐大的體系，只會專注在母女關係上。

即使本文的章節中並沒有提到，但我希望大家能記住一點，母女間心理的形成與圍繞著她們的各種背景共存。因此，希望大家不要以「母親是加害者，女兒是被害者」的單純解釋來審視母女關係。

世界上有太多深愛著母親卻因為母親而生病的女兒，我也是其中之一，所以我想傾聽所有女兒們的故事，想要給她們一個溫暖的擁抱。母親與女兒因為同為女人、因為相愛，在干涉與愛之間走鋼索，一個錯誤的關係會過度滲透進對方生活中，甚至讓人無法認清自己所處的位置，進而成為情緒上的連體嬰。我希望能讓身處如此狀態的人彼此保持適當距離、維持平衡，過上屬於自己的有尊嚴的生活並實現心理上的獨立，這是我寫這本書最主要的理由。我希望世上所有的母親與女兒都能夠自在地相視而笑，希望她們偶爾能原諒彼此、誠心和解，希望母女能夠全然地相愛。在此邀請您走進比夫妻的世界更沒完沒了、更厲害的故事——母女的世界。

我是一位母親也是一個女兒，以同時身為女兒與母親的身分，我要將此書獻給所有生活在這世上的女性。

金志允

二〇二一年十一月

第一章 愛憎

以愛為名的傷害

壞女人、瘋女人、不孝女

「真的喔？」
「為什麼？」
「怎麼會這樣？」
「這樣正常嗎？」

每個人都有屬於自己的秘密，某些面向是無法馬上展現給別人看的，而這些面向以上述的話語對世界刷著存在感。我也有想隱藏的一面，不是別的，正是母親。母親過世後的十三年間，我一次都沒去過她的墓園，直到我四十二歲的那年，我第一次去了她的墓園——母親與我的真正故事才就此開始。

二〇〇四年的冬天，喪禮結束後，我經過殘忍離別的火葬場，將母親安置於納骨塔裡。母親火葬的那天天氣很冷，骨灰罈卻暖得很荒謬。那天，死亡與一千度的高溫相遇，留下了奇妙的離別熱氣，我將可怕又殘酷的那一天放進潘朵拉的盒子裡關上。

往後的十三年間，我一次都沒去過母親的墓園。不僅如此，每年母親的忌日我都會回家，但我卻什麼都沒做。就這樣過了十三年，我偶爾會想，別人會怎麼看待這樣的女兒呢？應該會以「什麼什麼女人」的詞來形容我，壞女人、瘋女人、臭女人、沒血沒淚的女人、不孝女！

連我自己聽到有人做這種事，都會馬上說出「什麼」、「為什麼」、「她瘋了嗎」這樣的話，一言以蔽之。沒錯，我心痛到幾乎要瘋了。在母親的喪禮後，我過得就像母親離世的事實不存在一樣……不，應該說，就像母親打從一開始就不存在於我人生中一樣，我索性把記憶全都刪除，否認悲傷、否認痛苦的過日子，顧名思義，就是將母親埋葬了。

我在沒有母親的情況下結婚、生子、育兒、工作，我的生活中完全沒有母親的痕跡，在這十三年間母親被我完全封印了。不過，永遠的封印是不可能的，雖然痕跡被抹去，但我本身不就是她的痕跡嗎？除非我去面對我內在的她，否則這支離破碎的愛憎關係是絕對不會結束的——這個關係居然是即使其中一人死亡也不會結束的關係——難道是因為曾經同為一個身體嗎？雖然我以為母親死後一切就完全結束了，但不知怎麼一回事，封印真的是從那時開始的——十三年的時間過去了，而她和我的關係只是被牢牢地封印住而已。

榮格曾說過，人到了中年真正的內在地震會開始，而我的中年時期也發生了地震。我開始在夜間失眠，一開始我不以為然，周遭的人都說自己會失眠，所以我只是覺得自己也加入了相同行列，感覺自己趕上了流行而暗自竊喜。

「嗯……是壓力有點大吧？應該是太累了，精神緊繃才會這樣。」

失眠的夜晚越來越多，我合理的列出可能導致失眠的原因，然而我的心，卻站在和這種合理思考截然相反的道路上。我的胸口很悶，感到越來越鬱悶，我認為我應該去諮商，也許過去八年的時間，我是在每週近一百小時的工作中默默堅持下來的。我覺得有必要整理一下我的內心世界，而且我想要找出讓我失眠的原因。

第一次諮商的那天是哭著結束的。雖然現在我已經能理解為什麼自己會在第一次諮商中提起「母親」這個詞，但當時真的覺得很荒謬。我是因為睡不著而去諮商的，為什麼在諮商室裡蹦出了關於母親的話題？十三年間努力壓著的封印竟然就這樣莫名其妙地鬆開了……「母親」突然迎面撲了過來。

「老師，我十三年間一次都沒去過我媽的墓園，怎麼會這樣？這樣正常嗎？但是我沒辦法去，真的沒辦法，太恐怖了，如果去了我好像會支離破碎，飛散到空中消失不見。這件事除了我老公以外沒人知道，誰都不知道，其他家人也都不知道，大家應該無法想像，我也沒辦法跟誰說我十三年間都沒去看過媽媽……嗚嗚嗚……」

等我回過神已經過了四十分鐘。老師跟我說沒關係，他說別人的評語不重要，不論是十三年沒去母親的墓園或是永遠不去，那都是自己的心。無論如何都沒關係，因為心就是這麼痛，就接受自己吧。這真是讓人放心的回答。

老師說還有十分鐘，還有什麼話想說就說，但我怎樣都說不出口實在太丟臉了，活到這把年紀，居然會在初次見面的人面前一邊喊著媽媽一邊大哭，還哭到妝都花了——用句話來形容就是「精神崩潰」了，我想要刪掉這個場面。我打起精神對老師說：

「老師，剩十分鐘沒關係，我覺得在初次見面的人面前這樣哭太丟臉、太讓我不知所措了，現在我只想以最快的速度離開這裡。那就下週見了！」

逃離諮商室後，我出來走了一段路，雖然有點暈，但心情卻像收到贖罪券般。好，那就先當作我不是壞女人吧，就當我只是心痛的女人吧。第一次諮商的那天，我取得了心痛女的資格，並開始撕去封印了十三年的封條。

和母親的關係就是如此沒完沒了，就算不是過了十三年，而是過了一百三十年，母女的關係也不會結束。

父母與子女的關係之所以在心理上具有重大意義，是因為他們的關係不會因死亡而告終。當然戀人關係與夫婦關係在結束後也會留下影響，但如果新對象在心理上帶來更大的穩定感與正向力量的話，我們就可能克服傷痛，因前對象而受的傷能淡化並癒合。但是父母與子女的關係並非如此，孩子出生彼此第一次對視後，子女本身就是在成長過程中與父母交流而成形的。因此就算母親過世，與母親建立關係且為母親創造物的我們依舊存在，我們會把存在於自己心中的母女關係力量運用到其他家人或子女身上，所以就算母親去世，女兒一生都很難擺脫母親的影響力。當然，你也可以像我一樣暫時迴避，當作沒發生過一樣掩蓋這個關係，但這種做法的效果並不長久。

這件事有如漩渦般將我捲入其中。諮商了大約兩個月後，我開始想去母親的墓園看看。雖然諮商師告訴我不用著急，但打開這令人厭煩的潘朵拉盒子後，我的內心開始動搖了。盒子裡到底有什麼東西呢？是因為裡面有些什麼所以我才連覺都睡不著嗎？我不想就此善罷甘休。

我真的會在母親的墳前支離破碎嗎？我會不會因為太悲傷而失魂落魄到失去自我，以至於發瘋似地在母親墳前、頭上插著花跳舞？這會不會觸碰到我內在更深的未知事物，而讓我精神分裂呢？十三年間讓我僵持不動的悲傷與恐懼究竟是什麼呢？不去經歷就無法找到這些問題的答案，我覺得我一定要找到解答，就算只是為了想睡好、想活得像人。於是我決定打開潘朵拉的盒子。

準備好的那天早上，我牽著我八歲的孩子陪他去學校，對他說：

「媽媽今天要去外婆的墓園一趟。」

然後，孩子對我說：

「媽媽，避免可避開的悲傷吧！」

「現在已經是無法避開的悲傷了，所以我打算去一趟……」

補充說明一下，我兒子相當感性，經常說出活了第二回人生的人才會說的話，他是個非常有趣的孩子，而那天我也收到了百歲兒子的諫言，邁開了步伐。為了買花，我去了納骨塔墓園附近的店家。菊花……店裡果然整個就像菊花田一樣，這種花很適當，卻一點都不適合我媽。如果是我媽的話，應該要選鮮紅的玫瑰，再包上金色的包裝紙，然後還要再綁上大大的蝴蝶結緞帶——比華麗更華麗的那種花束再適合不過她了。

向著墓園走上去，可能因為我是喪禮後時隔十三年第一次來，所以分不清哪裡是哪裡，十三年來有很多新的亡者進來，因此墓園的地形多少有些變化。我的視線跟隨著納骨塔號碼找到了母親，當時我徘徊了一下，也許是因為我自己還想要再徘徊一下也說不定。我比我想像中更快就找到了，媽媽就在她的號碼那。我擺上了菊花，陪同我的丈夫擔心我會昏倒還在一旁待命，他的包包裡準備了冷水、毛巾、應急藥品等物品，如果我暈倒，他也已經做好萬全的準備了。我感受到丈夫憂心的眼神，他長時間目睹我對母親過世這個詞語的敏感反應，左右為難，他只能等待著我某一天自己越過心中的那座山。

不過……什麼事都沒發生，我稍微哭了一會兒，很快就停了。我心想：「什麼啊？結束了喔？沒眼淚了嗎？」一切簡直平淡，我丈夫原先準備的急救包，連拉鍊都沒拉開。如此傷心的情緒，我沒有支離破碎，也沒有精神分裂，只是跟其他人一樣適當地哭了一下——那個畫面就是極為普通的墳前場景啊。這是一場已經準備好的會面，也許在那段封印的時間裡，我的潛意識正準備著面對母親與我的關係，還有寄生於這段關係上的無數傷痛。

「媽……對不起，我過了太久才來，你等很久了吧？之後我會經常來的，下次我還會帶媽的孫子來——你有孫子了。下次見面前你要好好待著喔。」

留下一句既悲傷又正面的話，我就回家了。

就這樣，在母親離開的十三年後，我才開始探索母親與我的關係。我是為了擺脫失眠而去諮商的，但是為什麼會在那裡提起「母親」這個意料之外的詞呢？在這十三年間，我為什麼被綁住，僵持著不動？為什麼和母親的關係在她離世後，卻仍沒有結束？母親對我的人際關係有什麼影響？母親究竟是什麼？母親對我來說是什麼？所謂的母親對人類而言又是什麼？

母親這個存在拋給我無數問題與煩惱，雖然我沒找到答案，但我終於找到一個詞，那就是「絕對」這個詞。如果她的存在對我而言並非絕對，那麼讓死亡都變無用的十三年封印就不可能發生，這件事只能用絕對這個詞來說明。母親是絕對的存在，誰能擺脫絕對之人的陰影呢？母親是絕對的存在！母親是女兒們的絕對者！

於是我開始面對絕對者。在面對她的過程中，我深刻發現她的存在比我以為的還要絕對，所謂的「母親」，影響了包括我在內的世上所有女兒們，而她們影響女兒們的無數種方法開始一一顯現。

這是我生平第一次面對母親與我的真正故事。

比夫妻的世界還壯觀的母女的世界

有種關係與夫妻的世界一樣複雜，那就是母女的世界。多虧許多連續劇時常演到婆媳之間的斯巴達式訓育方式，因此婆媳間的衝突已成為公共爭論的話題，然而母女關係還是個未知的世界。與任何關係相比，母女的世界都蘊藏更多的衝突。有一件事是肯定的，如果你覺得和媽媽相處起來很累的話，那不只是你和你媽媽的問題而已。

母女的世界就像在打結的狀態下放了二、三十年以上的毛線團一樣。儘管如此，母女關係還是跟很多人口中所談的夫妻問題或婆媳問題不同。母女間的問題受到社會關注的時間還不長，還是有很多母女表示自己身處的狀況很辛苦，彼此都因對方而受苦，但她們卻無法判定這些衝突到底是什麼。

這種衝突問題最根本的原因是，母女太過自然的貼近彼此；在其他關係中被視為問題的部分，放在母女關係中根本就不被當作一回事。母女之間的一切都是理所當然的，一切都被允許，只因兩人是母女所以就太過貼近彼此，所以才會無法客觀看待兩人之間所存在的明顯問題，只能雙方都很辛苦，時而感受到又愛又恨而已。

「媽，你到底為什麼要這樣？」

「你生一個跟你一樣的女兒養養看就知道！」

舉例來說，有個很熟的朋友沒有事先告知就來我家，我說我不想吃清麴醬湯，他卻自顧自地煮了湯然後強逼我吃，還在我面前看著我有沒有吃。我對朋友說：「我今天不想吃清麴醬湯。」他卻說：「我比你更了解你的身體，不要廢話，趕快吃！照我說的做不會有任何損失。」接著又說：「冰箱裡還有一鍋，明天你也要繼續吃清麴醬湯。」如果是這樣，你的心情如何呢？整個家都被清麴醬的味道給占領，簡直成了間五十年傳統的元祖清麴醬店了。

如果真的有朋友以這種方式愛我的話會怎樣？應該會覺得很恐怖，覺得這樣不正常吧。但媽媽們做出這種行為卻都算正常，這是為什麼？因為她是母親，因為她愛你。母親的愛本來就要很強烈、很無私，因為這樣才能呈現出獨特的色彩。

清麴醬湯事件如果只發生一次的話，我們可以視之為母愛並接受，但問題是有一百種類似於此的表達愛的方式，而且這種母愛的方式在媽媽們過了壯年期後，就會猶如沒出口好發洩一般固化。到了壯年期，大腦就會變得很難接受或適應關係的變化，因此，母親若在中年時無法正視與子女間的問題、無法跨越障礙的話，到了老年衝突就會加深，與女兒的關係也會惡化。母親就像每天升起的烈日一樣停在女兒身邊……啊！女兒真的很想避開太陽。

母女關係經常不會被認定為問題，之所以被忽視的其中一個原因是，媽媽們的表現方式完全不暴力。她們溫柔善良又犧牲奉獻，甚至有點可憐，任誰看了都會覺得母親只是擔心且愛惜女兒而已，並不暴力。再加上母愛有時愛得很巧妙，連自己都會看不見缺點。

> 母親認為女兒是自己最親近的朋友或分身，又覺得女兒應該要接受自己的情感，把想說的話毫無保留地對女兒傾吐。於是女兒長大時就會漸漸覺得：「難道我是媽媽的情緒垃圾桶嗎？」但要改變和母親的關係並不如想像中容易。
>
> 香山理香，《女兒不是母親的情緒垃圾桶》

家庭心理專科醫生香山理香是這樣闡述母女關係的，她將女兒接受由母親而來的壓力定義為「母女壓力」。這樣說雖然不知道是否侮辱了母愛，不知道是否會因此產生罪惡感，但母親肯定也是某人的女兒，而母親的母親也是某人的女兒，心理層面的東西就這樣一代傳一代，傳到了這裡。因此，不能只指控我母親一人是絕對加害者，還要考慮到被父權制背景影響圍繞著母女們，最終各種社會產物的結合體就以扭曲的母女關係型態呈現出來。

勸生女的社會

還有一點就是，我們的社會助長了母女關係必須特別的觀點，我們會勸媽媽生女兒。

在戀愛的世界裡不也是如此嗎？傻呼呼的兩個人若想成為情侶，就需要周遭的人敲敲邊鼓，大家隨口拋出的話會影響他們的情感，即使兩人根本就不是正在交往的關係，但大家問他們兩人是不是在交往，氣氛就會變微妙。雖然嘴上說絕對不是男女朋友，心裡還是會很在意，裝作沒在看卻又多看了她一眼。因此，有種情況是某對情侶之前並沒有真的在交往，但職場上傳聞滿天飛，為了講清楚而約出來見面的那天他們就真的開始交往了。沒錯，就像這樣，有人老是在一旁幫忙鋪路，所以只好裝作拗不過才接受，而在母女關係上也有很多這種會幫忙推一把的人。

「唉呦，所以應該要有個女兒才好，兒子都沒用，兒子都是別人的男人啊！」

（難道女兒就不是別人的女人嗎？）

「等你老了就知道，沒有女兒的人最可憐了，不論如何一定要生一個女兒。」

（之前不是才叫人家生兒子嗎？）

社會對女性強調女兒的重要性，雖然為了家族必須生個兒子，但為了女性自己則要生個女兒。為什麼媽媽這麼需要女兒呢？

就算我們以為母親什麼都知道，但女兒終有一天會出乎母親預料，此時女兒不會依據母親的期待行動，而是根據自己的想法或喜好行事。這個時期每個孩子都不一樣，有的女兒在上小學前就會明確表達自己的意思，說：「我想要這樣！」那麼媽媽感覺如何呢？有兒子的母親會因小情人而感到如失戀般的挫折，然而有女兒的母親不一樣，她們就像被自己養大的狗反咬一口一樣，會大受打擊。

香山理香，《女兒不是母親的情緒垃圾桶》

女兒對母親來說，就像是自己心臟般的存在，所以女兒是必要的。對母親來說，女兒是永遠站在自己這邊的，不僅是自己心理上的分身，也是支持者；是可以分享自身故事的人，也是庇護所；所以母親想要女兒，母親需要女兒。這種潛意識中的願望在日常生活中隨處可見，但又絕不會露骨地顯露出來，近乎一場細緻又寧靜的心理戰。舉例來說，如果要煮四人份的湯餃，而餃子的分量不夠，媽媽們就會這樣對女兒說：

「怎麼辦？餃子不夠了！先給爸爸和哥哥吃，然後我們吃別的吧——要不乾脆吃泡麵吧！」

為什麼這時候女兒就分不到湯餃呢？為什麼母親理所當然的假設女兒肯定會跟自己吃一樣的東西呢？為什麼女兒不能被放在最前面？吃湯餃的權利為什麼這麼輕易就被奪走了！

因為母親總是有意無意地說女兒是自己的分身，說女兒是站在自己這邊的，站在同一邊的話當然就要一起犧牲，所以也沒必要多問。

如果這時女兒說：「不要！我要吃餃子！哥哥你不要吃、爸爸你吐出來！這是我的！」這樣子的話會怎樣呢？這樣的話女兒就是瘋子，就是有情緒問題，是家裡媽媽管不住的問題孩子，會抹黑媽媽的名譽，而名聲敗壞的母親會失去家族的信賴，立足之地縮小。雖然女兒很氣憤，但因為她自然地認知到這個情勢走向，於是大多都只會撕開泡麵袋，控制好自己不爽的情緒。

當母親還只是個女兒的時期，母親肯定也因為自己的母親而受過苦，但如果自己成為了母親就會忘記過去，在不知道自己內心期待或強求什麼的情況下對女兒施壓。也許這就是社會上身為弱者的女性聯合起來的生存方式，因為社會弱勢群體只有團結起來才能生存。但是母女之間的關係微妙且細微，這種關係雖細微卻有很多股分線，這種關係線如果整理不好，母女兩人就很難各自在心理層面上獨立或成長，而女兒又會再把這樣的線團傳給自己的女兒。

結果錯綜複雜的母女關係會對各種其他關係造成負面影響，不僅對自身內在的關係是如此，還會對子女關係、配偶關係、戀愛關係等各種重要關係造成影響。因此，母親是母親，女兒是女兒，應該各自獨立於自己的人生範圍內，獨立地選擇、獨立地行動，這種方法才是能讓彼此都幸福地過上更好人生的方法。

窒息的母女關係需要什麼?

母女關係有時令人感到窒息，此時如果分開一步，客觀地看待彼此，就能夠保有喘息的空間。而所謂的客觀像以下這樣做就夠了，試想看看，媽媽對我說的話或行為如果是朋友媽媽對朋友說的話或做的行為，我會說什麼?感覺會怎樣?假設這是別人的事、鄰居的事，套上客觀的濾鏡，我們也許就能把思緒整理清楚了。

你和你媽的關係如何?也許你會這樣想:「這樣問是要叫我怎麼辦啊?」與母親不合就像不諧調的合音一樣，媽媽與我們都是各自發出優美樂聲的樂器，但合音卻不協調，總是會聽到難以理解且不優美的聲音。因此，只要稍微調整一下就行了，這樣一來，無論是媽媽還是我們自己都能找到各自原來的聲音，然後就能共存。調節與母親的心理距離，探索因母親而無法控制的行為或選擇，不捲入母親爆發的情感裡，為了自身方便而找出能利用母親的地方，協助母親去過身為女人的人生而不是我母親的人生，不強迫自己的女兒當一個好女兒，放棄了解女兒的一切……這種心理探索過程就可以稱作為「協調」。

所有關係都需要知識和技術，而母女關係也是如此，因為母女關係中所發生的事情原來都不包含知識與技術。你和你媽的關係如何？你們的關係是「認知到關係有問題」的關係嗎？是因為關係太親近而「無法認知到問題是個問題」的愛憎關係？我相信探索母親與你的關係是個讓你大幅成長的挑戰。去挑戰、去探索吧！踏上過去不曾踩過的美麗境地，能夠讓你做自己的那塊境地，是死前一定要踏踏看的地方。

媽，你為什麼不照顧我？

四十歲出頭開始的失眠夜持續超過了一年，只要讓我能好好睡覺，我連指考都願意重考一遍！我的心情大概就是如此吧。閉上眼躺下時精神總是更加清醒，胸口好像被石塊壓住一樣悶悶不樂，身著鐵甲般地躺著，那種動彈不得的鬱悶感快要讓我窒息了——韓國國歌第二小節中的松樹鐵甲就是我。之後這個鬱悶感就沉入深海某處，雖然這只是種感覺，但這個感覺卻比現實更強烈，這就是恐懼與真實所帶來的衝擊。我朝著漆黑的海底永無止境地下沉，這窒息而死的感覺實在太真實了。

只要我想睡覺躺上床，這種感覺就像某種儀式一樣無限反覆，持續超過一年。我沒辦法好好躺下，一到晚上十點我就會開始憂鬱地想，今晚又該如何度過呢？這種痛苦的感覺會持續到何時呢？而且我最好奇的是，讓我感到窒息的東西是什麼、原因是什麼。這明明就是個信號，是我傳給自己的信號，是潛意識的吶喊，是一個邀請，希望我去了解以前那被自己忘卻的內心。是啊，我想知道我的心，到底為什麼會這樣？問題是什麼？

我對萬事都太目標導向了，想趕快找出答案，結束並粉碎這份痛苦，恢復日常生活。雖然我現在如此冷靜地書寫，不過其實當時的我感到很黯淡，甚至認為日常生活能否恢復都還很難說。我不只有失眠症，一旦感覺自己受控制我就會覺得窒息，例如：在行進中的車子裡時、在壅塞的高速公路或隧道裡時、記不得備忘錄內容的時候、突然想吃什麼卻絕對無法馬上吃到的時候、搭電梯的時候等，一旦發生喪失自我掌控權而受控制的情況，我就只能與窒息感痛苦地纏鬥。如果找不到問題的答案，這種生活活著也不像活著，而我的孩子又還小……這樣的情況一定要結束——我居然無法安心地帶著孩子搭電梯，這到底是出了什麼事？

失眠症的真相

希望我去了解傷口的潛意識與讓我瘋狂尋找痛苦根源的意識，它們終於在某一刻相遇了，而我終於知道這種窒息的感覺來自哪裡。敲吧！因為這樣敲下去門就會打開的……令人窒息的秘密終於真相大白。

我家有一個相框，裡面放的是我五歲時在游泳池拍的照片，照片捕捉到五歲的我穿著可愛的比基尼浮出水面。照片是媽媽拍的，媽媽說我實在太可愛了，她把照片放大到A4大小，甚至放進相框，掛在房間裡，那張照片直到我高中為止都是媽媽很愛觀賞的育兒回憶。但就在那張照片被拍攝的前幾分鐘，有件大事發生在我身上——那天我掉進水裡，而且差點溺死。

游泳池的深度是越來越深的，一開始我在淺水區玩耍，然後漸漸跑到了腳尖觸不到底的地方，一下子就被水淹沒了。到現在我都還記得，我的身體在水中像前滾翻一樣飄了起來，腳離開地面無法維持重心。我叫了媽媽，也因為在水裡張口叫著媽媽，所以我喝進去大量的水，感覺就像往腦子裡灌水一樣，我就這樣一直掙扎著。還好我的身體被推到了水位較低的地方，某一刻我踮起腳尖就碰到池底了——就在我快要被淹死前我的鼻孔才從水中浮出來——眼前是游泳池清潔叔叔的掃帚。但就在我獨自逃離泳池鬼門關時，媽媽連聲說著：「哇，好可愛！」並咔嚓、咔嚓的拍照——真是一張照片各自表述啊。

我清晰的想起原先被我忘得一乾二淨的那個日子，當初我並非完全忘記這件事，而是不知從何時開始就不再重複想起來了，雖然好像有這件事但又像沒這件事一樣……但當我再次想起那段記憶的瞬間我就搞清楚了！四十多歲的我所經歷的極度窒息，原因正來自於那天的事件。我非常好奇那無止境在水中下沉的感覺是什麼，結果正是游泳池事件的經歷。向諮商師吐露這個故事後，我終於能夠擺脫那令人窒息的恐懼了，不用再經歷床墊變成海水的窒息經驗了。有時候當我稍微感受到那種感覺時我就會對自己說：「我知道，這是當時的那個感覺，這是當時掉進水裡的那件事。現在已經沒事了，呼吸吧。」然後這種感覺就會漸漸淡化，消失在遠處。現在我睡得非常好，甚至能連續睡上十一個小時。

沉默的復仇

但是這個事件留給我另一個課題，分析令人窒息的日子與游泳池鬼門關事件，我發現了兩個疑點。第一，為什麼那天我沒有哭著從水裡出來呢？別說有沒有哭了，為什麼還成了最佳照片，我還擺了個可愛的表情，可愛到未來十年後還能被裝進相框裡？我有養過孩子，五歲的孩子做出這種行為太不自然、太不正常了。如果我的小孩經歷過那種事我會怎麼做呢？當然，我絕對不會把五歲的孩子一個人丟在游泳池裡，所以不可能發生這種事（我對把我獨自丟在游泳池裡的母親懷抱著憤怒和怨恨）。若是如此，孩子經歷這種事肯定會哭得很厲害，哭了又哭，身體瑟瑟發抖，哭著說要回家。我也許會因為太抱歉而一起跟著哭，會用過人的精力安撫孩子，帶孩子去醫院檢查肺部有沒有進水，看看有沒有失溫。在一陣手忙腳亂後，最後我會讓孩子抱著五萬韓元的玩具機器人，而我則是整夜擔心孩子受驚嚇於是緊緊抱著他入睡，然後好幾年內連游泳池附近都不會去。

但是當時的我沒有哭，也沒有做出任何表示，當然什麼都不知道的媽媽無法安慰我，也無法參與我的痛苦，是我自己阻斷了母親的參與。

第二，為什麼在那天後我也沒把這件事告訴媽媽呢？當媽媽看著相框，覺得我很可愛的時候，為什麼沒有說：

「媽，你怎麼能笑得出來！你知道那天發生了什麼事嗎？媽媽顧著和朋友們聊天，把我一個人丟在游泳池裡，你是瘋了嗎？我……我那天差點在水裡溺死！為什麼在游泳池你不看著孩子？丟著讓孩子自己在游泳池裡玩不是會很危險嗎？溺水死掉是一瞬間的事耶，你是不是太沒有安全意識了？唉……媽每次都這樣，和朋友聊天比照顧我還有趣也更重要吧？你想和某人聊天時，我就會變成不存在的人。總是丟下我一個人。我差點就會死掉的！我看了就不爽，馬上把那張照片收起來！可什麼愛？一點都不可愛！死裡逃生的孩子有什麼好可愛的！」

唉……寫在這裡至少心裡好像舒服點了。為什麼我沒對媽媽說任何話呢？

（媽，你為什麼這麼早走呢？我有這麼多話要說。）我問諮商師：

「為什麼我那天沒哭？而且那天以後也沒提過那件事呢？我才五歲耶。」

「也許那天不是第一次，可能之前某種心理上的挫折感早就已經成形了，讓你認為即使你跟媽媽說也沒用。」

「啊……原來如此。」

媽媽雖然想要孩子，但她完全沒有育兒天賦，在我的記憶中她把一切都交給了外婆。媽媽是不太容易相處的人，是讓我等待的人、是把我丟下讓我自己一個人的人、是喜歡我卻對我毫不關心的人、是不對我提問的人、是愛我卻不知道如何給予愛並接受愛的人，是總是對自己的人生充滿疑問的人。

也許從我還沒有記憶的時候，媽媽早已偏離我心目中母親應該站的位置了，我好像對這樣的媽媽沒有任何期待，以致於在精神上經歷了挫折。而且另一方面，母親的人生很艱難，為了不錯過她的母愛，我有我自己的方法。再強調一次，因為她太累了，所以為了不讓她放開我的手，我絕對不能成為她的麻煩事，因為我喜歡媽媽、我想念媽媽的香氣、我等待著媽媽。

回首過去，我真是個孤獨的孩子。

所謂的孤獨是指無法在某種層面上相連結的情感，因此為了擺脫孤獨的情感「連結」是核心。（中間省略）但如果有人不接受原原本本的自己，孤獨感也會倍增。因此，人有可能為了扮演好人而隱藏自己的真心。如果我們扮演好人，也許名聲會變好或創造表面上的連結，但內心會空洞，孤獨感會積累。

水島廣子，《給不小心就會太在意的你》

我本來想和媽媽連結，但是沒能連結上，所以就受挫了，但即使如此我還是期待能再次和媽媽連結上。和母親的愛憎關係就是從小開始的，我的沉默是對媽媽的一種報復，因為她讓我內心受挫，而這種報復說到底還是渴望母愛的扭曲表現。媽媽總是說我很冷靜，她說我是善良卻難搞的女兒，因為我是模範生所以很好，因為我很搞笑所以也不錯，但終究還是冷靜的女兒。長大後我和媽媽在表面上相處得很好，雖然我常逗媽媽開心，卻沒提供媽媽我真實的訊息。大約在媽媽去世前一年左右，她第一次體會到我是怎樣的人，而我也是在媽媽等待死亡時才向她展現我是怎樣的人。當我發現自己長時間對母親所保持的沉默是對游泳池事件的報復時，我內心很痛，有點後悔，之所以沒有太大的後悔是因為那是五歲孩子為了生存而自己做出的選擇。雖然很心痛，雖然不是最好的選擇，但我想對自己說：「你也辛苦了。」

為了尋找真實自我潛意識做出的選擇

即使如此，早知道我那天就告訴媽媽了，媽媽的存在應該會比五歲孩子所想的更偉大、更包容，要是我那天哭著跑去找媽媽就好了，媽媽肯定會抱著我，擔心地安慰我，很抱歉她讓我一個人，那天很多事都走偏了。孩子們放在心上的事比大人以為的還要多，這就是為什麼大人們要不斷跟著孩子的心走，為了了解孩子的真心而努力。想得多的孩子，他們放在心上的事比大人想像的還多。

現在我所經歷的關係問題，有許多關鍵的鑰匙都在於過去的某一點，而找鑰匙開門是件艱難、恐怖、令人窒息的事情。我無法清楚知道為什麼我會在潛意識下把過世母親的事件引導到令人窒息的失眠症上，我只能自己猜測，是否是因為人類就是會渴望恢復與治癒。所謂的潛意識就是別人留給我們的痕跡，而人類透過探索潛意識來發現他人留給自己的痕跡，認知到他人留下的部分就也會認知到自己的部分，因此我們才能成為獨立的存在。如果我疏遠對我影響最深的母親，我就很難找到真實的自我了，因此我的渴望與我的潛意識引導我去尋找自我。

有一天我的孩子躺著這樣說：

「真的很神奇，我喜歡媽媽是沒有理由的，沒理由地喜歡的東西是全世界最棒的東西，好神奇啊！」

我雖然沒體驗過世上最棒的母親，但對我孩子而言我好像成為最棒的母親，所以就算受很多傷也沒關係了。雖然痊癒之前我經歷了一段令人窒息的時間，但痛苦所帶來的答案是有價值的。不過，我真的不想再經歷一次那種令人窒息的感覺——父母們啊！在游泳池時，好好看著孩子吧！

也許會被拋棄的不安感

小學時的我放學後會飛快地跑回家。與朋友們一起買垃圾食物吃、在公園玩耍到一半偷溜到電子遊樂場，那種小小的踰矩行為是連作夢都不敢想的奢侈。跑回家裡後我會先把書包丟給外婆，然後直接走進我和媽媽一起住的房間，打開衣櫃聞媽媽的味道，還會確認媽媽的衣服是否也在。「媽媽逃跑了嗎……」如果媽媽的衣服還在，我就會鬆一口氣想：「啊……好險，媽媽沒逃跑。」我之所以這麼早就跑回家，是為了要早一點確認今天媽媽沒有逃跑，確認是否是「平安的一天」。如果媽媽的衣櫃裡塞滿了衣服，那就代表今天也是平安無事的一天。

電視劇裡，被爸爸折磨的媽媽們總是會逃家，我很害怕那些場面。我爸經常在精神上折磨我媽，有時還會丟東西、毀損物品，甚至使用暴力，連我都覺得就算我媽逃跑也不足為奇，我家就是這樣的家庭。

爸爸非常偶爾才回家一次，每當爸爸回家時，家裡就像被颱風掃過一樣。媽媽總是看起來很傷心，而讓媽媽留在這間殘酷房子裡的「我」實在是太弱了；但其實只要拋棄我，媽就能得到自由。我時常想像媽媽丟下我去尋找自由，感覺媽媽會丟下我離開的不安感在小學一、二年級時達到了最高點，但我一次都沒有用語言表達過這種情感，只是獨自安靜地確認衣櫃，知道「還好今天也是平安的一天」我就可以安心了——我用這種儀式自己撫平不安的情緒。

開媽媽衣櫃的習慣持續了一年左右，幸好媽媽的衣服一次也沒有從衣櫃裡消失過，但當時氣喘吁吁地打開衣櫃的感受至今依舊鮮明。在不幸福的母親身邊，我絕對無法成為幸福的孩子。

母親與子女間是怎麼變敏感的、彼此在情緒上是怎麼連結的，這都尚未明確。答案也許在出生之前，在母親和胎兒生理的相互作用中，答案也許在出生之後，在母親和子女早期的相互作用上。隨著時間推移，答案或許在不安的關係各自擴張而慢慢進化的過程中，又或者答案就是這一連串的所有過程。

丹尼爾・帕佩羅，《鮑文家庭治療短理論書》

母親和孩子會相互賦予並接收不安感，母親的胎內環境會受母親的壓力和荷爾蒙影響，因此孩子從胎兒時期開始就能夠感受到母親的不安，而我推測我可能從胎兒時期就誕生於不安感中。我不是一個受歡迎的孩子，站在某人的立場上來看，我的誕生本身就是憤怒與混亂，而對大多數人來說，我的出現是個意想不到的變數。誕生就是變數的孩子，就是我。

現在想想，在比現在的我小十二歲的年紀，媽媽生下了我，生下一個不受歡迎的孩子，出生後連要把我放在哪裡都不知道，對一個三十五歲的母親來說，這是多麼可怕與不安的事情啊。那她為什麼不放棄我呢？在這種情況下，她感到不安也是極其正常的事，而我也理所當然的分得了母親的不安，因為人類在不安的情況下感到不安是正常的。

誕生已是不安，成長的日子也是不安。沒有住在一起的父親還把外婆家的財產都拿來做生意，結果父親的事業破產，債主們經常進到臥室佔著位置不走。外公和外婆怎麼能如此善良呢？不論是晚上還是白天，每次碰到債主時我都會蒙著被子假裝睡著，聽著自己心跳怦怦的響，用全身來抵抗不安感。

我內在的小孩流下的眼淚

我童年的這種不安在成年後也對我產生了很大的影響，在接受睡眠障礙諮商的過程中，發現了無數個童年時期我無法表達的不安故事，同時，我也流下許多淚，但過程中我卻體驗到一段奇怪的經歷。不知從哪天開始，我的夢裡總是會有個孩子跑來讓我抱。這是什麼？像夢境又像現實一樣，這種感覺不斷反覆，睡到一半我還會被那個孩子跑來的感覺吵醒，在凌晨時醒來。這孩子到底是誰？仔細地回想一下那慌張的感覺，怎麼想那個孩子都應該是我。在那個時期，幼小的我對所有事情都感到不安，她跑到現在的我身邊讓我抱她後再離開，然後又再次跑來反覆地讓我抱她。當我清楚地感受到那個孩子就是我的時候，我真的哭了很久，小時候打開衣櫃時她沒流的所有眼淚，到現在才流了下來。我用力抱緊那跑過來的小孩，對她說：

「現在都沒事了，沒事了。你真的辛苦了，不用再感到不安了。當時你雖然是個沒能力的孩子，但現在的你已經長成了堅強又有力量的大人了。已經沒事了，痛苦都結束了……。」

我就這樣抱著孩子哭，幾天後，孩子就再也不來了，真的是很神奇。

像這樣在自己的出生時和初期人生發展過程中感到不安的人，他們在生活中會體驗許多面對自身內心不安的經驗。這種不安不會止於心靈的折磨上，最終還會在與自我的關係中，甚至在人際關係中演變成心理層面的困難。在只有三個女兒的家中，如果又有女兒出生的話，連女兒的名字都會被取為「招弟」，有些女性的名字是在為未來將出生的弟弟鋪路；有些人因母親未婚懷孕，出生時接受社會歧視的眼光；有些女兒在前一個男嬰難產後出生，聽到別人說是她把弟弟吃掉的；有些人因為父親一再地外遇，因而在不幸的家庭中成長。這些人本身就被不安感滲透了，他們對不安很敏感，而他們想像中的未來就如同過去一樣，只會令人感到不安。

而我也是如此，滲透進存在與經驗裡的不安，對建立人際關係的方式產生了很大的影響，尤其是在思想和感情方面上，關於我與他人的關係能否持續，我會感到非常不安。雖然真心希望關係能長久持續，卻很擔心我所珍惜的這段關係也許馬上就會破碎，因而感到非常痛苦。不管是因為發生命中注定的事件還是對方改變心意，或是因為我的情況變窘迫，那種好像關係就要結束了與好像對方要棄我而去的不安心情始終伴隨著我。因此有時我會因為過於不安而難過地選擇自己先離開——因為持續的關係是條必須忍受漫長不安的殘酷道路。

婚後我依舊是如此，心底總是埋藏著某種不安情緒，感覺一定有人會出事、感覺會因生病而變不幸、感覺會失去某個關係或結婚無效，而我會再度獨自一人。我的潛意識深處，藏著覺得自己又將獨自被丟下的不安感，這與配偶無關，這根深蒂固的問題只屬於我自己。所以不管深夜想吃什麼，我都不太會請丈夫買回家或幫我買——因為我以前在廣播中聽過丈夫去買妻子的零食，結果出了交通事故身亡的故事。在那之後我的不安感更加具體化了，我會想：「你看，不就是有這種事會發生嗎？你看，她不就變成自己一個人了嗎？這不是很可怕嗎？」珍惜的人越是在身邊，我的不安感也就越大。

降低不安情緒的力量

隨時間流逝，安穩的感覺就像逐漸被細雨淋溼的衣服一樣，不安沒有擴大，反而奇特地安穩的部分越擴越大。我不但沒發生什麼戲劇性的事，也沒有中樂透，只是不安感自然而然越縮越小，重心開始傾向穩定的方向。基本上不安的情感是不可能完全在人類身上消失的，雖然它不會徹底消失，但是「你可能會孤獨一人！你說不定會被拋棄！」這種間歇性的恐怖威脅聲音會越來越小。而我整理出為什麼會變這樣的原因，內容大概如下。

雖然當時的我很脆弱，但現在的我就算與別人建立起穩定的關係，關係會很適當地不完整，同時也適當地完整。也許以前的那些人已盡了最大的努力了……必須與如枕頭、棉被般老實而穩定的人建立重新養育的關係，或者自己重新養育自己，直到「我要守護現在、我、我的人」的這種想法與態度深入內心為止。UCLA精神醫學臨床教授丹尼爾．席格表示，如此重新形成依附關係的話，大腦就會重塑（rewire the brain）。

許智元，《我都還不懂我自己》

我重新說明一次這段內容。就算人類大腦被不安蠶食過，只要經歷過穩定關係，大腦就會被重塑成感到穩定的大腦。人類在幼兒時期受過許多傷，成長過程中帶著對愛情與對人的扭曲想法。但事情不會就此結束，成年後只要努力去愛自己，遇到穩定的好人並持續相愛的話（如上面的引述，丹尼爾．席格教授認為如此重塑大腦所需的時間為五年），人類的大腦會重塑，構成新的想法和情感，而這無異於重生。同時，透過自己養育自己，人類也會被療癒並成長，而人就能夠清算幼兒時期的傷痛並重獲新生。

「嗯……還不錯耶。」

「並不是所有人都會離開……」

「我能夠被愛！」

以這種方式改變對自己的想法與對情況的看法，這真的很驚人，居然是用良好關係的經驗來重塑大腦。帶給人類傷害的是人類，但結果能治癒人類的存在也是人類。如果有人問我戀愛和婚姻帶給人類的好處是什麼，我想回答：「人類能夠以愛之名為他人做出偉大貢獻。」而受傷的大腦也會因愛情而變成能感受幸福的大腦。

某天晚上，孩子籃球打得很累，要我幫他按摩腿，而那天我也非常疲憊，所以我說：「你這傢伙，媽媽整天站著講課，還搭了這麼久的車，飯都沒吃就回家了，你不覺得媽媽這樣很可憐嗎？」於是孩子覺得很荒唐，他問我媽媽有什麼可憐的，感覺媽媽很有精神且活力充沛，他從來就不覺得媽媽很可憐，還說媽媽是既強壯又帥氣的存在等等。聽到孩子這樣說我的心情變非常好，開始很認真地幫兒子按摩腿。

沒錯，我的母親很脆弱不安，所以小時候的我也很脆弱不安，但現在長大的我是堅強的。在孩子眼裡，我不再是不安與無力的存在，所以我的孩子也不會感到不安。我的孩子擺脫了不安，是個自由又帥氣的孩子，如果媽能抱抱這樣的孫子那會有多幸福啊！

雙面的母親

某天晚上，我在路上碰到了一個我認得的孩子，他年紀很小，才九歲，一個人在便利商店裡吃完晚餐後回家。回家的路黑漆漆的，我不能讓九歲的小孩自己走在黑漆漆的路上。因為路上黑漆漆的，我這個大嬸說要送他回家，他的表情看起來並不討厭。和孩子走了五分鐘左右的夜路，我問他這條路會不會很可怕，他說路燈昏暗的路走到盡頭時有點可怕，他還說他從一年級開始就是這樣過的，所以已經習慣了。他的父母很忙，家裡雖然做了很多吃的，但他自己喜歡吃泡麵，媽媽回來後晚上還會再吃一次晚飯，他還說自己並不會非常怕黑。這個孩子沉穩又早熟，我好像在和十九歲的孩子對話一樣。

到了孩子家門口，我看孩子自己一個人走進漆黑的房子裡，心裡不是很好受。我思考了一下，他的家境看起來也不錯，但是為什麼孩子的父母不僱用暫時幫他準備晚餐的保姆，而是讓孩子一個人留在這裡呢？孩子說父母九點左右馬上就會回來。

送他回家後，在我走回家的路上我感到很難過，也許是因為當時我正針對「母親」議題接受了一段時間的諮商，所以我的狀態會更敏感。小小年紀每天都要在漆黑的家中獨自等待家人，那個孩子的處境和我小時候的模樣重疊了。然後那天晚上我做了夢，是個劇情強烈且清晰的夢。

夢中我和孩子一起走進了他家，孩子正在洗手間洗手，而他媽媽回家了。孩子的媽媽只有一個軀幹，但是卻有兩顆頭，也就是有兩張臉的意思。其中一張臉的頭髮長長地垂下，是看似善良卻無力的人臉，另一張臉不是人，而是像梅杜莎一樣的怪物，就像我們在畢卡索繪畫中看過的臉，強烈的、原色的、分裂的臉，就像小時候掛在我家二樓房間裡的畢卡索畫一樣，小時候那令人難理解又有點恐怖的臉出現在我夢裡。我幫孩子的雙面媽媽開了門，她走進家門躺在沙發上，用兩張臉看著我。我對她十分不滿，然後就從夢中醒了過來。

真是毛骨悚然又怪異，而且結果這個夢是關於我母親的夢。

小時候我和媽媽不熟，也沒有建立起穩定的關係，我不知道媽媽是怎樣的人，現在也不是很清楚。其實將一個人分類、釐清本來就是不可能的事，也是說不通的事，因為人類本身就是無法統一解釋與理清楚的存在。儘管如此，小時候我還是瘋狂的想詮釋母親，想乾淨利落地整合好對母親的理解。我不知道人類擁有多麼多元的面貌，還根據對象不同而變化多端，人類是多麼廣泛且多麼難以定論的存在。我想把媽媽揉成一團、塞進一個框框中統合起來，媽媽對我來說是分成好幾塊的存在，每個碎片都會激起我不同的情感。沒有整合成一個樣貌的母親對我來說是個讓人感覺很疲憊的對象——我討厭那種很累的情感。

媽媽很疼我，但她不會為了我而花時間；有些地方保護過度，有些地方卻過於放任。媽媽總是忙於工作，卻不讓我離開她；雖然對我很執著，卻總是望著別的地方。

我不太懂一般人稱呼「媽媽」時的那種情感，因為我的母親並不一般，所以我不太了解在日常生活中說媽媽這個詞帶給我的情緒是什麼。只是當我偶爾把外婆代入「媽媽」這個詞裡叫的話，我會猜測：「啊……我從外婆那裡感受到的情感，別人也許是從媽媽那裡感受到的。」對我來說，外婆就是媽媽，外婆只是沒有生我而已，其他所有時刻她對我來說都是媽媽。外婆的存在對我來說不是分裂的，是統合的。雖然我會怕外婆，但是她很有趣，很疼我，對我的愛總是很深。對我而言，外婆不是模糊不清的，但是媽媽卻是模糊的，如同蒙上了一層面紗，如煙霧一般，母親對我來說就像起霧的天氣。更讓人鬱悶的是，她現在已不在這個世界上了，所以即使想問：「你是怎樣的母親？我對你來說是怎樣的存在？」我也不能問了。雖然我想把媽媽的碎片拼成一個整體，但最終沒有實現，媽媽對我來說就像夢裡見過的兩張臉，就像玻璃碎片一樣，踩到的話會痛。在這方面我很痛苦，如果不能解釋母親是怎樣的人，不能解釋母親對我而言是怎樣的母親的話，我就也無法找到我的實體。但是母親已經死了，光靠回憶已死的母親是不可能再將母親的概念統整起來的。

在痛苦中掙扎的某天，我認識到了榮格的人格面具概念，這個概念給了我很大的安慰。

根據榮格提出的概念，每個人為了對社會壓力給出適當的反應，都會帶著一千個面具生活，依據不同情況戴上適當的人格面具以建立社會關係。不過這種與人格面具相關的壓迫、孤立感或膨脹成為了病理性問題。面具越多樣化越好，獨自一人的自己與和別人在一起時的自己，還有參與社會生活時的自己，當然都要不同。舉例來說，如果以居家樣貌的態度參加重要聚會，那就屬病理狀態了。

許智元，《我都還不懂我自己》

人類本來就是不可能完全整合為一的存在，而且即使不統合也不會造成問題，就算媽媽對我而言依然是碎片的集合，但那些碎片也許是她為了度過艱難時刻而戴上的各種面具，即使我無法把它整合起來，現在我還是安全的。還有，終究無法整合的這件事反而可以證明我不是母親的分身，其實我們是完全不同存在，因此無法統整母親的這件事與自身的安全感便不再有關。

思考到這裡，對於因母親分裂成兩張臉而感到混亂的感覺就平息了，想要統整母親的執著就消失了。

茄子燉飯告訴我的真相

偶爾當我發現我對孩子沿襲了我母親對我所展現的模樣時，我的心會突然一沉。舉例來說，媽媽並不是很了解怎麼和我共度時間，她不太懂該怎麼跟我玩，也不太會跟我分享什麼事。假日時媽媽不會待在家裡，她經常帶我外出，會去西餐廳買豬排給我吃，帶我去百貨公司或好餐廳（可惜在我十歲家道中落後，連這件事都無法實現了）。也許那是媽媽在休息的同時能與我共度時間的方式，那時我去哪裡都無所謂，吃什麼都無所謂，我只是覺得只要媽媽不離開我，和媽媽在一起的時光就非常幸福。

可是某天我意識到我自己對待孩子的方式，兩人在一起時總是提議「要不要吃冰淇淋」、「要不要去超市」、「要不要吃甜甜圈」等，一直慫恿他出門去，這種現象只會反覆發生在孩子和我單獨留下的時候。當然，沒有什麼事情比買好吃的東西給可愛的兒子吃更幸福的了，但那分明就是我體驗過的情景，是媽媽對我的做法。本來我想成為和媽不一樣的母親，但我擔心最終我還是會變成和媽媽一模一樣的母親。

有一天，發生了茄子燉飯事件。

我的孩子和大多數的孩子一樣也幾乎不吃蔬菜。要餵蔬菜給一看到蔬菜就捂住嘴巴轉頭的孩子，方法只有炒飯和燉飯而已。事件發生的那一週，孩子好像把蔬菜當作惡棍一樣不理不睬，雖然我非常疲憊，但我想像著三十年後兒子可能會被心血管疾病折磨，於是就把茄子剪碎，做成了燉飯。但是孩子就像幫助大豆女[1]的鳥一樣，只把青菜挑出來收集在一塊兒，看到孩子用匠人般的精神聚精會神地把盤裡切碎的茄子分離出來，我的情緒瞬間就爆發了——就像一般的媽媽們那樣，對沒什麼大不了的事突然情緒爆發。

「你都不吃蔬菜的話……我會擔心你的健康！你的嘴很挑……你媽最近有多累啊……隨你便，都沒關係！反正人生都是一場空……」

從茄子燉飯開始，最終衍生出人生無常的結論，孩子不過只是挑出茄子而已，孩子在情緒爆發的母親面前卻打著瞌睡，一副完全無法理解的表情。即使情緒洩洪依舊無法讓我的憤怒冷卻下來，我跑到沙發上躺著開始了第二段劇情。

「茄子……嗯，要做得多好吃才能吞下去啊？嗯？什麼？泡在蜂蜜裡……」

但躺一會兒後，我產生了這樣的想法。

「嗯……我跟媽媽有點不一樣耶？這不就是我們的不同之處嗎？」

首先，我媽從來就沒做菜給我吃過，她只會給我吃小香腸，從來沒有因為我不吃蔬菜而嘮叨或生氣過。對我來說，那不是教我自律，而是一種放任，媽媽沒盡到自己的責任，完全把我託付給了外婆。但是我和這樣的媽媽不一樣，茄子到底算什麼東西？我太擔心沒吃茄子的孩子三十年後的血管健康，因此憤怒不已。雖然我母親

---

1 韓國傳統故事《大豆女紅豆女》中，大豆女辛勤工作卻被繼母虐待，過程中她接受了不少人的幫助，其中曾有麻雀來幫她細心地把難搗的米搗好。

不管我的偏食習慣，也沒有因此受到壓力，但我對孩子拒絕吃茄子這件事由衷地感到壓力且傷心。是啊，我們的確是不一樣。

「當時有沒有覺得自己成為了更優秀的母親？」

說完茄子燉飯的故事，諮商師這樣問我。沒錯，雖然感覺有點對不起媽媽，但說實話我覺得正是如此。我是一個非常普通的母親，因為孩子偏食而感到傷心，這個事實讓我非常開心。我的媽媽不平凡，也不一般，所以我極度埋怨媽媽，而我顯然跟她是不同的存在，這就讓我放心了。

若母親所受的情緒創傷沒得到妥善治癒，它就會轉移到女兒身上，接著就會進化並擴張成「母親命運就等於女兒命運」這種心理層面的不幸，我一直很害怕這個事實，所以下定決心不要活得像媽媽一樣，過著抵抗的生活。但我是否因為過於關注這部分，反而忽視了事實？忽略了媽媽和我是不同的，而我們是獨立存在的？我想這是理所當然的，媽媽和我是不同的人，我們過著不一樣的人生也是理所當然的，我為什麼那麼擔心自己會像媽媽一樣呢？

有段時間我為了尋找真正的自己，想把母親破碎的模樣整合為一。我渴望能完美解釋母親是怎樣的存在，因為我相信只有這種方法才能整理我當下的不安和彷徨。

不過，為了生存，媽媽需要很多種面具，茄子讓我認知到母親和我是不同的存在，這樣就已足夠了。雖然我希望茄子今後能守護我兒子的血管健康，但茄子讓我認知到將母親統整為一已不再是我的課題了，光是這點我就已經很感謝了。

媽媽不可能只有一種模樣，所有媽媽都是不同的、獨一無二的，我也是獨一無二的母親。為什麼我會認為只有統一成一種顏色才是正確答案呢？又酷又具有藝術性的彩繪玻璃、琉璃工藝、拼布，它們都是由好幾個碎片融合在一起才能誕生的作品啊，茄子事件讓我領悟到這一切。茄子竟然有這種意想不到的功效！

母親的雙重訊息

女兒在長大成人時慢慢領悟到母親的話並非全都是真的，而且母親並非永遠都是合理的。母親在養育女兒的過程中會發出無數的訊息，女兒也會自己過濾掉感覺「有點奇怪」的想法。但是千里之堤潰於蟻穴，最後女兒成長的同時還是會內化母親一部分的訊息，然後就會遇到問題，女兒會從不一定合理的母親那裡收到母親下的命令，而從中發現錯誤。剎那間女兒會覺得「事情不是這樣的啊」，或是覺得「原來不是那樣喔」，在受到巨大的衝擊下整個人瘋掉。

宥拉從成長時期到大學畢業都是在母親嚴格控制下長大的，她的一舉一動都在母親的雷達內。上大學生後，她從沒有參加過過夜的露營，因為母親覺得女生不能隨意與男生相處。宥拉的媽媽原本打算先把宥拉限制在純潔的這一邊，然後再讓她投入相親市場。大學時她還發生過一次不可思議的事，有次她在學校熬夜準備小組作業，但媽媽卻不相信女兒的話，跑到學校硬是把宥拉帶回家。

那天以後宥拉乾脆選擇順應媽媽的控制。不過令人遺憾的是，宥拉大學畢業時，父親事業倒閉，她不得不投身於就業的戰場中，就這樣，宥拉離母親夢寐以求的相親市場越來越遠了，她成為家裡實質上的支柱，操持著家計。幸虧宥拉在工作中嶄露頭角，拿到不錯的年薪，就這樣工作了十年，這期間父親也開始從事新工作，家中的狀況找回了一定程度的穩定。不過此時出現了新的問題，重新找回從容心態的媽媽又開始像之前一樣「控制」女兒，但母親釋出的訊息卻和以前完全相反。

「你不去認識男人嗎？我朋友的女兒們還會跟男朋友一起去旅行耶，你完全不想認識男人嗎？下班後就只知道回家，是沒地方去了嗎？連一起玩的男同學都沒有嗎？」

宥拉吐露出她的心聲，她說那天是真心感受到人生最強烈的憤怒，感覺自己的人生全部被人偷走、被謊言欺騙了。自己要和男人相處、當朋友、曖昧、交往的年齡，那時和男人在一起的話就要像罪犯一樣被管制，現在居然又因為她沒去認識男人，把她當作瑕疵品一樣對待，這已經不只讓她感到無言了，而是覺得極度憤怒。

「我是因為誰才變成這樣的！我真是白癡，居然聽了媽媽的話！」宥拉說她到現在都還很難原諒媽媽。

母親的雙重訊息以多元的形式登場，讓女兒陷入混亂的泥淖中，就像宥拉的情況一樣，有貫穿整個人生讓人抓狂的雙重訊息，也有在日常生活中反覆出現的芝麻粒大的小雙重訊息。不論是哪一種，媽媽的雙重訊息實在不容小覷。

日常生活中媽媽的雙重訊息

秀熙因為媽媽日常生活中反覆的雙重訊息，而連自己患有低血壓都不知道。秀熙媽媽至今還在釋出的雙重訊息都很雞毛蒜皮，大概就像以下這些訊息。

場景一：道歉

（某天收到別人送的蘋果，貼著金色標籤的蘋果連顏色都很美。）

秀熙：「哇！蘋果真漂亮。媽，要不要削一個？」

媽媽：「你自己吃吧，我胃不舒服，好像沒辦法消化。」

秀熙：「真的嗎？一口都不吃嗎？」

媽媽：「嗯。」

（秀熙聽媽媽的話，自己削了蘋果吃掉。當秀熙在咀嚼最後一片蘋果時……）

媽媽：「哇……好無情，真無情啊！怎麼會不勸人嚐一口看看呢？」

場景二：化妝品

秀熙（一邊訂購化妝品）：「媽，聽說這個很好，我也幫你買一個怎樣？」

媽媽：「算了啦，別花錢了。好東西全都要買來用的話怎麼存得到錢？我就算了吧。」

（化妝品送達，秀熙自己在塗的時候）

媽媽（每次看到秀熙時）：「唉呦，你的臉最近怎麼這麼繃啊……」

（媽媽之後每次見到秀熙，都會像唱饒舌一樣，重複說著臉繃。）

場景三：秘密

（媽媽說了一堆對奶奶不滿的話，然後囑咐秀熙）

媽媽：「今天我說過的話你絕對要保密，就算說夢話也不能講出去，千萬不要跟爸爸說。」

（秀熙聽從媽媽的命令，以獨立運動鬥士的精神守護媽媽的秘密。）

幾天後，媽媽：「你得看情勢說啊！還真的那麼死板，一句話都不說嗎？真是的……真讓人鬱悶……」

（秀熙有所領悟，她想下次媽媽說絕對不要說的話，就要看狀況對爸爸說。然而當她照做了之後，媽媽大發雷霆。）

媽媽：「你把媽媽的話當耳邊風嗎？為什麼都叫你別說了，你還要惹事？就這麼沒有判斷力嗎？你分不清楚什麼話該說、什麼話不該說嗎？」

秀熙媽媽以這種方式胡亂釋放出芝麻般小的雙重訊息，那些內容甚至能編成一本名為《媽媽的雙重訊息》的書。如此，母親們的雙重訊息深入女兒們的生活中，帶來了混亂和憤怒。

什麼？你居然愛爸爸？

我從媽媽那裡收到的雙重訊息是關於爸爸的訊息。爸爸不在的時候，媽媽早晚都會對我做新聞簡報，說明爸爸為什麼是「壞男人」。關於爸爸是多壞的人惡行揭露報導，從「早報」一路持續報到「晚報」。

爸爸是位傑出的藝術家，問題是他是一位野心勃勃的藝術家，他一直是獨自生活的，不會告訴家人精確的訊息。有天家中突然欠下了前所未見且超乎想像的巨款，還讓我的家人流落街頭，而直到我二十二歲為止，這種事件重複發生了兩次。爸爸總是忠於自身對藝術的欲望與野心，因此他與家人的距離非常遠，我總覺得爸爸拋棄了我們，而這次他又拋棄並背叛了我們。雖然最終爸爸作為藝術家成功留下了令人滿意的成果，但家人因此背負了沉重的課題。因為父親如此，我們才覺得大家齊心協力討厭他是合情合理的。

但爸爸回家的那天，一切就被推翻了。

媽媽去買了菜，她說家裡沒錢卻還買了肉，說家裡真的沒錢了卻還買了螃蟹……整張桌子擺滿爸爸喜歡的菜。如果綜合媽媽平時對爸爸的評價，給爸爸一小碗粥都應該覺得浪費，就算撒鹽[2]趕他回去也不奇怪。不過媽媽的話和行動卻截然不同，回家的爸爸受到了王一般的待遇——這完全就是一齣黑色喜劇，我絲毫無法理

2 韓國習俗中撒鹽是驅趕鬼神的動作，所以對別人撒鹽代表希望對方走開，遠離自己的意思。

解眼前展開的一連串過程，甚至覺得很滑稽。我無法將混亂統整起來，因此盡可能保持距離，成為一個觀望者看著爸媽的關係。

在雙重訊息中，對配偶的雙重訊息尤其會給子女帶來無比的混亂。孩子們聽著媽媽對爸爸的評價，用這個評價取代掉自己給父親的評價，孩子心目中的爸爸或孩子感受到的爸爸雖然並不是如此，但媽媽對爸爸的訊息過於負面，孩子便會把自己的想法拋在腦後，和媽媽成為一夥，認同爸爸很討厭，形成一種連結。這就是為什麼如果以好人對壞人的非黑即白理論安排角色的話，故事就會變得更加簡單。孩子把媽媽和自己放在同一邊，女兒們更容易把媽媽和自己視為一體，一起討厭起爸爸。但媽媽其實想得到丈夫的愛，因此如果母親對子女釋放所有壓力，實際上卻用笑臉迎接丈夫的話，那麼對子女而言，這就是背叛中最誇張的背叛了。我媽在世期間不停對我發出關於爸爸的雙重訊息，這種母親的雙重訊息直到我媽去世後，還在重重地打擊我。

在我接受了八個月左右的諮商後，有天我講了我母親的事，說她獨自撫養我卻不與任何人再婚，一個人孤獨地生活。

「媽媽真的很漂亮，機會也很多，但媽媽為什麼不丟下我離開呢？」

然後諮商師就回答：

「是不是因為很愛爸爸呢？然後因為很愛你所以才沒有離開吧。」

「什麼？媽媽很愛爸爸嗎？不是，是因為您不懂才這樣說。媽媽一輩子都在埋怨和憎恨爸爸，每天都在哭，因為爸爸，她吃了多少苦啊，她絕對沒有愛過他！」

「真的……應該愛過吧？雖然彼此的愛有所分歧，但如果他們相愛過的話，這樣對志允來說不是更好嗎？」

一瞬間我感覺像被錘子打中一樣——這是背叛。什麼？愛？簡直不可思議……相愛？媽媽愛過爸爸？直到最後都愛著爸爸？我的頭太暈了，感覺天旋地轉，甚至噁心想吐。

「我是多麼用力地和你一起討厭爸爸，你和我不是一夥的嗎？我是多麼用盡全力地討厭爸爸啊——那麼我的人生怎麼辦啊？我一輩子都討厭的爸爸又怎麼辦啊？我從來沒聽媽說過她愛爸爸啊？」

唉，我是徹底地被騙了嗎？兩位都去世了所以我無法確認真相，我真的要瘋了。

我讓暫時陷入恐慌的心情冷靜下來，趕緊打電話給阿姨。沒錯，跟阿姨確認一下……直接打電話過去劈頭就問吧，從阿姨嘴裡沒有多想就直接說出來的話應該就是真相吧。

「阿姨，是我。媽媽愛爸爸嗎？」

「嗯，愛啊。」

「什麼？愛嗎？不可能吧？不是一輩子怨恨他、討厭他嗎？」

「嗯……是又愛又恨啊，就像男女分手產生的矛盾那樣吧。就算如此，也是愛啊，到最後都愛。阿姨都懂，因為她是我姊。」

對於我沒頭沒尾的提問，阿姨居然回答他們相愛……我無法用語言來形容那天所感受到的衝擊與背叛感。

之後隨著時間流逝，直到我把想法整理成「也是啦，比起媽媽討厭爸爸，她愛過爸爸更好。」我因為這段不屬於我的愛情，況且還是已過世母親的愛情，不得不在我四十歲的年紀承受這愛情的劇痛。這就像是拿四葉幸運草一片片把葉子剝下來算的心情嗎？一邊唸著「愛，不愛；愛，不愛……愛，不愛……」簡直就是個傻子。

女兒縝密的觀察母親的話語和行動，從母親無力解開圍巾的緩慢手勢中感知到她的悲傷，女兒顧及母親的心情、擔心母親。對女兒來說，母親的話是真理，母親的立場是真實的。

這種母親她們不知道自己是以什麼方式對女兒釋放出混亂的雙重訊息，她們不知道自己所發出的訊息是否一致，因此事後所引發的混亂完全落給女兒。孩子們會仔細觀察父母，並深受父母影響。

一般來說雙重訊息發生於母親內在的矛盾無法整理好的時候，當母親的內在矛盾洩漏出去變成分裂狀態時，它就會變成雙重訊息，去擾亂孩子。因此，就算母親不可能將所有訊息統整好再傳達出去，也要盡量努力地只發出一種統合好的訊息。

而且如果媽媽自己意識到自己是傳播雙重訊息的雙面間諜，或生活中不可避免地因禮貌與顧慮而須傳達雙重訊息時，關於自己前後無法對應的言語與行動，我們應該向孩子們說明其中的原因與過程。了解不得不使用雙重訊息的原因和過程，孩子們還能透過大人的說明學習到人生在世的道理。

去企業裡講課時，我發現主管中有些人會傳達雙重訊息，他們會很混亂地傳達自己想要的答案，一會兒這樣一會兒那樣，一會兒說這樣、一會兒說那樣。明明就有想要求的部分，但是他自己也無法整理清楚，這種上司所傳遞出的訊息本身就很混亂。因為上司們的一句話，大家在運動場上往右奔跑，然後又向左奔跑，左右搖擺……社會的能量就這樣可惜地消耗掉了。而侍奉他們的員工幾乎都要成為讀心術師或預言家了。

母親拋出雙重訊息的話，最終孩子們就會陷入混亂，茫然若失。因此，我們慎重地回顧一下吧，我們無意中說出的話是否夾帶雙重訊息？也可以問問孩子們，媽媽說話是否一下這樣、一下那樣，話語和行動或表情是否不同，昨天說的話和今天說的話是否不一樣。如果孩子覺得媽媽的話和真實內心好像不一樣，那就問他是否因為察覺到媽媽的內心而感到辛苦或混淆過——孩子們擁有的數據資料比我們想像的還多。

人類是非理性的，所以一定會發出雙重訊息。但是另一方面，人類又是會成長的，因此從今以後盡量不要傳達雙重訊息給孩子們了，傳達雙重訊息就像塔台故障了一樣，這種引導最容易讓人感到筋疲力盡了。

與她的離別

原本只是去醫院看一下而已，結果媽媽就被判定為癌症第三期。雖然想動手術，但在事前檢查中發現了多發性轉移，所以醫生認為動手術也沒意義了。我在醫院的走道上問主治醫生：

「您就直接說吧，一般情況下，這種案例還有多少時間呢？」

「雖然不能斷言，但一般會認為還有一年到一年半的時間。」

一年到一年半……一年到一年半究竟是多長的時間呢？我站在醫院的走道上想，用季節來看的話一年有四季，運氣好的話會有六次季節變化。那麼從現在開始該做什麼呢？能做什麼？一定要做什麼？如果奇蹟沒有發生，母親在一年半後就不在這個世界上了。世上只有媽媽和我兩人而已，我只有媽媽，而媽媽卻快要死了。媽媽會怎樣死去呢？會很痛苦嗎？那我該怎麼做？如果媽媽死了我會怎麼樣？整理了一下思緒，我走進病房，穿著病人服的媽媽臉色有點蒼白，但像蘇菲亞・羅蘭一樣美。母親就跟一般的病患一樣，與病魔對抗了十五個月後離世。

這十五個月裡，媽媽和我之間發生了很多事情。我辭去工作看護媽媽，媽媽忙著化療，與副作用、疼痛、恐懼戰鬥著。我每次都要準備醫療費，還要賺生活費，所以會暫時去打工賺錢生活，我還哭了很多次。媽媽說她想死，然後又說想活下去，又哭又笑，又嘔吐又生氣，還堅毅地接受了這一切。

就這樣對抗著病魔的一年後，媽媽和我開始慢慢接受預料中的離別與死亡。雖然希望奇蹟能發生，但奇蹟好像還是會與我們擦肩而過。媽媽和我一點一點地準備好接受死亡與離別。

二〇〇三年八月是我生日，媽媽煮了海帶湯給我吃，這也許是媽媽煮的最後一碗海帶湯。看著媽媽那消瘦又滿是針頭痕跡的手攪動著海帶湯，我想著，媽媽知道這是最後一次了，正在煮海帶湯的她現在心情如何呢？媽媽神情爽朗，遞給我海帶湯，她說這是最後一次所以要我好好享用，她還跟我說對不起。我反覆咀嚼著「最後」這個詞，喝著媽媽煮的海帶湯，海帶湯越來越少，而我感到哀傷與惋惜。

時間不停地流逝。時間的流逝是殘酷的，媽媽的體力越來越差，人越來越消瘦了。死亡迎面撲向我們，一覺醒來，死亡就又更近了一點。有時媽媽早上狀態不好，她會對因看護她而疲憊的我說：

「志允啊，真的沒剩多久了，再堅持一會兒，馬上就會結束了。」

也許媽媽比我還要更從容的接受死亡和離別。

在媽媽過世的三個月前，她問我和她一起生活時有什麼幸福的記憶。我說小時候媽媽背我的時候，冬天時會一邊用大衣蓋住我走著，一邊跟我開玩笑在我的腿上搔癢，我被媽媽背在背上咯咯笑的那一刻最幸福了。於是媽媽說，那麼現在背一下試試吧。那天晚上媽媽坐在醫院的床上背著我，我假裝背在媽媽背上待了好一陣子，把臉埋在媽媽背上不停地哭泣，媽媽也哭了。這是媽媽和我真正的最後道別，我們雖然沒說太多話，卻談了很多往事。就這樣，那天晚上在醫院病床上的時刻成為了我回想母親時最幸福、最美好的回憶。

和媽媽一起對抗病魔時我經常有這樣的想法，預見自己所愛的人死亡或自己所愛的人突然死亡，哪個更好？哪個比較不哀傷？哪個比較哀傷？這是毫無意義的問題，因為不管是什麼形式，都將是無法估算的絕對悲傷。

所愛之人的死給我們留下很大的影響，令人遺憾的是，地球上幾乎所有人都經歷了所愛之人的死亡，經歷了痛苦的散場。母親是所愛之人中我們最愛的那一位，而大部分的人都會經歷母喪，而且母親曾經是絕對的存在，她的死亡留下了無法測量的巨大悲傷和失落。

在母親過世時，女兒們經歷了以下的各種情感：

一、飽受疼愛的女兒們

和母親分開讓我很難過，也讓我很懷念母親的存在，這是純粹的悲傷。

↓會經歷普遍的失落和哀悼過程，只要充分地感受悲傷、充分地思念著母親過日子就可以了。

二、對母親又愛又恨的女兒們

在悲傷的同時承擔起課題，媽媽為什麼會那樣呢？媽媽留下了什麼給我？媽媽就這樣走掉，我該怎麼辦？媽媽當時為什麼那樣做？是要我怎麼樣？

↓母親分裂的形象終究無法統一，人類的存在本來就同時擁有各種矛盾的樣貌和面具。因此在成為母親之前，最好先接受事實，接受世界上就是有這種複雜的人類存在。寫信給去世的母親也能成為整理內在的方式，有助於整理內心和思緒，越是擺脫對「母親模樣」的固有觀念和母性神話，就能越大幅度地理解母親。讓我再說一句安慰人的話，人的記憶總是扭曲的，也許媽媽帶給你的不僅僅是傷痛，你肯定還記得你被愛的時刻。

三、沒有經歷過母女關係的女兒們

小時候成長時和母親分開，或者連母親的長相都不曉得，只聽說母親過世的消息。這種情況下的女兒們會非常混亂，失落疊著失落的痛苦震撼著女兒的心。媽媽是怎樣的人呢？媽媽是愛我的嗎？

↓沒經歷過母女關係的女兒大多會為了成為更優秀的母親而費盡心思，因為沒有母女關係的經驗，反而會更加深情地照顧孩子，在母親的角色上盡最大努力，我見過很多這種優秀的女性。所以不要陷入失落的痛苦中，最好是能稱讚自己很了不起。我想告訴這些女兒們，不被命運的漩渦吞噬，守護好自己，走好身為母親的路，這些就已經足夠了。四十歲以後生活的責任不在於過去，而是完全在自己身上，遺憾的過去已經過去，只要把現在和未來變成自己想要的方向就可以了。

對於女兒來說，母親的死亡是很絕對的經驗。女兒大多在心理上和媽媽有很深的連結，與母親生活的歲月越長，心理連結的紐帶就越被強化。偶爾看到七十多歲的老母親和四、五十歲女兒間的衝突，就會覺得那衝突的模樣與程度不亞於夫妻間的衝突，因為女兒與母親的連結緊密，就像無數的神經網相互連接在一起。因此對女兒而言，對母親之死的感受比任何人的死亡都來得強烈。

我外婆九十二歲過世。送外婆離世的阿姨在葬禮上對我說，這種痛苦你是怎麼在二十多歲的年紀獨自經歷的？你有多麼痛、失去母親的痛苦是什麼，阿姨現在才知道。對女兒而言，在自己經歷過之前，喪母是無法估量、無法想像的悲傷。

因此女兒需要充分的時間接受、消化並哀悼母親的死亡，不用忍住眼淚，也不用刻意隱藏思念之情；要花充分的時間講述對母親的記憶，整理母親的物品與照片。哀悼期間何時結束不得而知，每個人都不同，根據和母親所建立的關係也會有所不同。

所愛之人的過世大幅擾亂了我們至今所理解的自我與世界。哀悼是一種情感，分離後我們去觀察破裂的關係問題，哀悼能幫助我們盡可能從關係與夥伴的特性中找到新的觀點。因此，我們可以透過哀悼重新理解自己和世界。

維瑞娜．卡斯特，《體驗悲哀》

女兒透過哀悼，克服她的天地一夜之間消失的失落感和撕心裂肺的離別之苦，再次實現了自身的成長。值得慶幸的是，這些失去的經驗並非全都以負面的型態結束，從某種意義上說，失去也意味著其他方面的「獲得」。舉例來說，雖然我在二十幾歲失去母親，但取而代之的是，我不會因擔心八十多歲老母親的晚年生活而嘆息。

在養育子女的過程中，失去也代表著獲得。媽媽們經常說，孩子太可愛了，捨不得孩子長大；我也是這樣想的，孩子真的太可愛了，捨不得孩子長大，捨不得到心裡都覺得難受。我叫五歲的兒子坐下來看他三歲時的照片，叫七歲的兒子坐下來看他五歲時的照片，說：「你這時候真的好小、好可愛。」然後又說：「你自己看也覺得可愛吧？」就這樣看著手機裡的相簿，一看再看。

某天我突然想到，五歲的孩子如今雖已不在，但是現在有和媽媽去超市時能幫媽媽拎重物的健壯兒子，雖然那個需要媽媽對他用小孩語氣講話的三歲兒子已不在，但可以一起看新聞瞎聊、進行社交對話的十幾歲兒子不就在我身邊嗎？過去我不知道失去並非某種狀態的結束，而是人生的一部分與過程，在了解到失去的雙面樣貌之後，失去的感受猶如掉進洞裡般再也感受不到了。

今年是媽媽去世的第十七年，我到現在還是偶爾會想念媽媽。這時候我就會哭，然後去喝杯咖啡，看一集電視劇，接著又這樣過著日子。身為人類，雖然不能完全避免失去的情況，但人類有哀悼的能力，也有自我安慰的能力，也有忘記的能力，有這些能力是多麼幸運的事情啊。而且我還想到，在我人生中雖然要接受如此沉重的失去感，但這也代表著在我的人生中，那些愛我的珍貴的人曾經存在過，這難道不是更重要嗎？因為愛所留下的餘韻比失落感還大。

在本章的結尾，我向包括我在內的所有失去母親的人表達慰問之心。

第二章 調整

各自獨立的適當距離

媽媽是大姊

孩子的論述作文[3]補習班出了閱讀《夢實姊姊》的作業，權正生老師寫的《夢實姊姊》講述了在光復時期與韓戰時期，我們的姊姊的姊姊的姊姊的坎坷故事。《夢實姊姊》的故事情節像某些殘酷的童話般充滿曲折，而夢實姊姊的悽慘現實則字字句句讓人揪心，啊……夢實姊姊連髮型都讓人覺得心痛。

二〇二一年我兒子過著獨生子的生活，因為披薩和炸雞而身材胖乎乎，對他來說夢實姊姊的故事似乎是很大的衝擊。某天下班後，孩子來到玄關，表情嚴肅地說：

「媽，你讀過《夢實姊姊》嗎？這是適合小學生論述作文寫的書嗎？哇……你知道夢實姊姊有多可憐嗎？實在是太不像話了。這個作家是心理變態吧？（權正生老師，真的很抱歉，這是孩子受衝擊的表達方式，請見諒。）怎麼能把所有孩子珍視的人殺掉呢？而且你知道她有多少弟弟妹妹嗎？」

孩子就像看了《想知道真相》[4]的節目一樣，一副飽受衝擊的臉，看來時代的隔閡真的很大。仔細想想，夢實姊姊不過就是與孩子的奶奶、我母親同齡，一起在那個世代長大的人物罷了，而我們的夢實姊姊們只是從固定的妹妹頭短髮，變成了普通風雨都吹不亂的堅固捲捲頭而已，她們現在不都在我們身旁健在嗎？我們的媽媽、阿姨、奶奶們就是夢實姊姊，只是以前她們被叫作「夢實姊姊」，而現在被改叫作「K長女[5]」而已，她們偉大的人生是正發生在我們周遭的現在進行式。

母親的出生順序對母親角色的形成影響很大，雖然除了出生順序外，還有很多因素會影響母親角色的形成。尤其韓國會要求長女達到特定的作用，所以為了回應要求而努力的長女們通常會有很多共同點——「K長女」這個新造詞並非毫無來由誕生出來。如果你的母親是長女、是大姊，那麼你很有可能過著非常了不起的人生。

---

3 「論述」是韓國小學生近幾年的熱門補習科目，題目會給一段論述文字或資料，考生根據出題的資料分析並陳述自身觀點，與傳統命題作文不同。

4 韓國知名節目，專門深入探討各種社會事件，追根究柢並強調呈現真相。

5 韓國網路上常見的新造詞，將韓國（Korea）的「K」字結合代表大女兒的「長女」所合成的詞彙。（以上是原文的註解翻譯，於二〇二〇年四月五日參照《京鄉新聞》資料）

追蹤一下母親成為母親前的人生，還有成為母親前身為大姊時期的人生，也許你就可以從完全不同的角度理解現在的母親，這道理就如同即使是同樣的場所，週間早晨和週末晚上去的感覺會完全不一樣。雖然可能因為個人經歷和養育環境而有所差異，但一般來說，如果老大滿五歲前就有弟弟、妹妹出生時的話，他們普遍具備以下的特徵。尤其當你的母親是在五歲前「被迫」接受弟弟、妹妹的老大的話，那麼這些特性就會更加突出。

一、具備當父母資質

媽媽們會把弟弟、妹妹們託付給老大，洗碗時或暫時去一下市場時，媽媽們都會把弟弟、妹妹們託付給了大姊，偶爾還會說這樣的話：「媽媽不在時，你就是媽媽。」大姊們聽著這種不可思議的話，協助母親，養成了責任感。在這樣的方式下，老大們不得不接受自己身為半個保姆的宿命。夢實姊姊不就總是背著弟弟、妹妹過日子嗎？而那髮型因此老是亂糟糟的。

從小時候開始照顧的義務就一直跟著她們到死為止，她們成長期間最常聽到的話是「好好看著弟弟、妹妹」和「準備東西給弟弟、妹妹們吃」，還有「準備東西給哥哥們吃」，其實論出生順序的話，哥哥不是應該照顧妹妹、替妹妹準備飯菜嗎？啊，對了，雖然她們未成年，她們就是要和媽媽一起連帶承擔責任，替身為監護人的爸爸準備飯菜吧。所以媽媽不在時，飯桌上的所有責任都是她們的，這也許是理所當然的順序吧。這真的很奇怪，她們為什麼沒聽過別人對她們說：「不要擔心家裡的事，去過你的人生吧！」「你比哥哥更有學習天賦，大學應該是你去上。」「叫哥哥準備飯菜給你吃吧，你還小，摸燙的東西很危險！」

二、具備負責領導者的樣子

還能怎麼辦？如果無法避免，就只能享受和成長了。老大們在不知不覺中就適應了，還養成了責任感，但是因為還小，要她們照顧弟弟、妹妹們並不簡單。也就是說，比起說服弟弟、妹妹，控制他們更簡單，「喂！過來」、「不要這樣」、「不給你這個了」、「這個只給你喔」、「聽我的話（揍）」。她們像監視器一樣觀察弟弟、妹妹做每件事時的安危，身為媽媽的希望之星，她們要先消消弟弟、妹妹們的氣焰。反正如果結果是好的就代表她通過了挑戰，在多災多難的日常生活中，老大們的成長伴隨著責任感與管控能力。

三、成為很操心的完美主義者

但是，老大終究也只是個孩子，那小小的心裡累積了多少的苦惱呢？她們會把老么完全不用擔心的家中經濟問題與父親的擔憂拿來自己擔心，「不能讓辛苦的父母更加辛苦，不能讓對我寄予厚望的父母失望，這樣的話我就必須完美。繃緊神經吧，不要失誤了！但是我真的好孤單，無處依靠。」雖然她們很努力地想做好，內心卻很不安，而年幼的老大們無法展現不安情緒，經常在深夜獨自哭泣。雖然不懂為什麼自己躺著睡覺時會突然流淚，但因為擔心別人會看到，就用睡衣袖口擦乾眼淚，幫踢被子的弟弟、妹妹蓋好棉被。

四、具組織與支配的能力

接受長女訓練的生活，好像把她們塑造成能力「滿級[6]」的秘書室主任一樣，但她們卻早已忘記自己真實的內心，忘記自己想要的東西是什麼了。K長女擅長做功能性的事務，習慣暫時放棄自己的欲望。即使媽媽去做闌尾手術，長女們也不會慌張，只會沉著地下指令而已，她的舉止有如早在一年前就預知到母親的闌尾今天會爆開一樣。

母親即將要動闌尾手術，大姊透過電話下達指令。

夢實姊姊（打電話給妹妹一號）：「喂，怎麼這麼慢才接電話啊？你看到訊息了吧？我手術前一天就會和媽媽一起睡，所以出院時你來載我們吧。別哭，媽是會死喔？來的時候不要遲到，好好確認停車場的位置。你跟妹夫說了嗎？等下下班再說，不要在他開車下班的路上打電話，很危險。不要再哭了。」

夢實姊姊（打電話給妹妹二號）：「在外面嗎？你旁邊好吵。你不要來醫院，反正只有兩位監護人能進來。你去買菜熬粥，你知道媽媽不吃外面賣的粥吧？你先把粥做好，打掃一下。提前先做喔，不要趕不及了才做。」

妹妹一號：「姊姊，不要逞強！」

夢實姊姊：「不要擔心，我的身體我很清楚，我拒絕你給我忠告（她已經這樣生活五十年了）。」

姊姊就算是去美國國防部五角大廈工作，肯定也會是能力出眾的人才。

---

6 玩遊戲時戰力值滿點或級數極高的意思。

五、善於坦率地提出正確意見

妹妹一號：「姊姊，我快瘋了。我要不要離婚啊？」

夢實姊姊：「不，我覺得是你瘋了，妹婿是菩薩耶。我可是和你一起生活過的人耶，你有時候不太正常，你先道歉。」

大姊講的話大多是對的，所以莫名地有點討人厭。就算想要攻擊她，也只是有時覺得她很討厭或害怕她，此外很難找到她的缺點。如果大姊在社會上很成功又有經濟實力的話，在家裡沒有兄弟的前提下，她的話就成了家中的王法，在她說的話面前連爸媽都要跪下，大姊變成戴上沉重王冠的女王。

六、扮演母親情感共鳴者的角色

人應該扮演一個角色就好，同時扮演兩三個角色太累了，但夢實姊姊們還有一個很重要的任務，那就是扮演母親的共鳴者。夢實姊姊過度努力生活而身體痠痛，現在才好不容易掏出一包藥躺下，想睡一覺，結果一通電話打來了。

媽媽：「唉呦……。」

夢實姊姊：「怎麼了？和爸吵架了？家裡有什麼需要錢的地方嗎？弟弟、妹妹們誰又闖禍了？」

媽媽：「三種都有……」

夢實姊姊：「好，我過去一趟。有什麼想吃的嗎？」

連吃包藥想睡個回籠覺都這麼難，長女們就算結婚了也很難離開原生的娘家，因為原生家庭不放開她，而身為長女的她也不忍心放開媽媽、爸爸、弟弟、妹妹們的手。

假如你的母親是典型的長女，那麼她會具備許多與這六種面向相關的特質，媽媽身為夢實姊姊有時會控制自己的子女——也就是你——讓你感到鬱悶，光是死腦筋地用無法妥協的個性看著你也能讓你煩躁。為什麼總是無法好好享受，一生都被弟弟、妹妹們牽著鼻子走？相較於發生好事時，為什麼祖父母在發生壞事時更常找媽媽呢？你也許會因此感到難過。懂事後越觀察就越領悟到，母親一生之所以辛苦，不僅僅是因為她個人的個性，而是因為她所生活的世界在她身上所留下的痕跡。長子當然也都過著辛苦的長子生活，但是他與長女有不同之處，長子的犧牲伴隨著優待與補償，但長女的犧牲被視為理所當然，是幾乎沒有補償的，因此身為長女的母親們理當得到安慰。

也許身為大姊的母親從未在這種關係的漩渦中找到過真實的自我，K長女——我們的夢實姊姊，她就是這樣走過來的。若她不是大女兒，也許就會過上完全不同的生活，成為不同的存在，這點才是我們必須給她們無限安慰的原因。夢實姊姊的髮型肯定不是出自她本人的意願，只是這種髮型適合生存、適合達成任務，所以才不得已地選擇這個髮型罷了。

身為長女的母親與身為長男的父親結婚時發生的事

有什麼關係比夫妻關係還更困難嗎？夫妻雖然是世上最相愛的關係，卻也是最相互怨懟的關係。就算是穿著睡衣、以三天沒洗的模樣互槓，盛氣絲毫未減，「今天又是你錯，果然每次我都是對的。」夫妻是會跟對方強辯又會聽對方強辯的混沌關係。說到底所謂的愛情不就是一團迷霧嗎？夫妻關係的難度是最高的。

有很多種要素會影響到如此難解的夫妻衝突，極差的體力、經濟的情況、不同的性格、婆家或娘家的狀況等，各種要素都會對夫妻關係產生影響。但有種衝突的原因非常強烈，強到足以超越以上提的要素，那就是夫妻各自的出生順序。妻子與丈夫是在幾男幾女的家庭中第幾個出生長大的，這點對夫妻間的溝通有很大影響，而且這種影響也會延續到子女關係上，所以我想在文中詳細探討一下。

當然根據養育環境的不同，若要把這種特性視為普遍現象的話我們必須謹慎，但在韓國文化中，很多出生順序相同的夫婦會出現類似的問題。關於出生順序是否會影響人格的形成，學界也意見分歧，有人認為有影響，也有人認為沒有。我個人是站在有影響的那邊，若要更準確地說的話，我認為對在韓國長大的人來說影響很大，因為韓國依然保有「做什麼像什麼才是德」的想法，會用像老大、像爸爸、像媽媽、像老闆、像新進職員等方式來形容人。因此，這種定型的意識會影響父母的態度與他們傳達出的訊息，而父母的態度與他們傳達的訊息可以被視為養育環境。據說養育環境比出生順序本身更重要，父母可謂韓國最大的養育環境，但父母本身並無法擺脫出生順序所夾帶的刻板認知。我們期待下一代能在這個框架下找到更自由、更真實的自我，但我認為對這本書的讀者而言，出生順序對於溝通能力、建立人際關係的方式、認識自己的方式產生了很大的影響。從這個角度來說，在解決關係問題時，觀察出生順序是有意義的。因此，我觀察了母親在當大姊時她的人生發生了什麼事，而母親是以什麼方式建立關係的。

但如果身為長女的母親與身為長子的男人結婚的話，也就是說如果父親同時也是長子的話，母親的生活很可能在婚後變得更加需要戰鬥。

我父親世代的韓國長子們幾乎都離不開原生家庭——與其說是結婚，不如說是把一個女人放進自己的家庭與家人之中。身為長子的父親和妻子在情感交流上還不成熟，在自己的原生家庭，他仍為贍養與繼承家族的負責人，要承擔沉重的宿命。

因此，具有這般強人特性的長子父親與長女母親，他們的婚姻生活自然就會有很多矛盾。他們兩個都具備權威性與掌控力，這種夫妻的家中一睜開眼睛、一開口，緊張的情緒就會高升，因為無論在什麼方面，兩人的控制欲都會衝突，怎麼花錢？怎麼教育子女？快遞放哪？早上吃的蘋果對腸胃不好的人來說好不好？三分鐘後是右轉還是左轉？吃牛或吃豬？吃烤的或吃水煮？沙發放在哪？在這些問題上兩位掌控者狹路相逢，所以爸媽的關係總是充滿了緊張感。而這種父母的子女們一定經常同時聽到兩種訊息。

子女：「媽，我生病了。好像發燒了，好累喔，我好像不行去上學了。」

媽媽：「是嗎？唉呦，怎麼了？該去醫院一趟了。」

爸爸：「軍人死要死在戰場上，學生死要死在學校裡。」

子女：「嗯？」

媽媽：「什……現在是要打仗了嗎？你說什麼啊？快去穿衣服吧，我們去醫院。」

爸爸：「真是的！你給我去上學。」

爸媽無法在學校和醫院間順利地協調或妥協，互相說著不像話的話，總是彼此無法理解、無法容忍、無法妥協，然而緊張卻只有孩子的份。要是你一輩子都因兩種不同的訊息而總是倍感壓力的話，也許就是因為這個原因。但不僅如此，如果媽媽是家裡只有妹妹的長女，而父親是家裡只有弟弟的長子，那麼情況將更加嚴重，那簡直就是場戰爭！這種組合會讓他們變成最差的情侶。

父親過去曾是弟弟們的首領，他很可能會自帶極強的權威性。家裡只有弟弟的長子一直都是頭頭，是有強烈責任感的完美主義者，禁不起建立在平等之上的親密關係。

「親愛的，我愛你。」爸爸此生有說過這樣的話嗎？會趁著酒意說嗎？有人在我們家聽過爸說這種話嗎？家裡的狗狗有聽過嗎？大概就是這種感覺。身為家裡只有弟弟的長子，父親既是坐在王位上的王，又是無法脫下鎧甲的將軍，很容易把關係搞僵，所有的規則都是由他們自己決定的。另外，他們也很難和異性群相處，所以只要阿姨們來玩，他們就會變得非常渺小，面對她們的戲弄，絕對無法做出柔和的反應。

像這樣權威和權威、掌控與掌控相結合的長女與長子，他們的愛情讓彼此終生痛苦，甚至讓周遭的人都感到疲憊。因為他們沒有表現出想理解配偶的特性，所以互相咆哮著「你跟我不合」，彼此集體化與單純化對方的性別，陷入「男人就是這樣才有問題」與「女人都一樣」的誤區中。因此《原生家庭療法：七個步驟，解開關係束縛，做出改變，重建更成熟的情感對應方式》中描述道，他們就像兩位君主，為了和對方分同一座城而打了一輩子的架。

> 和家裡只有妹妹的長女結婚是最壞的結合，他們在排序與性別上都會有衝突，他們就像兩位君主，為了和對方分同一座城而打了一輩子的架。
>
> 羅納德・理查森，《原生家庭療法》

這種命運有多麼殘酷啊，一座城裡居然有兩位君主。有人如此描述自家大哥大嫂的「長長（長男長女）婚姻生活」：

他們發了瘋似地吵架，吵得很投入又充滿謀略，有時埋伏對方，掌握對方做錯的證據，有時又會展開戰壕戰，有時佔領客廳或床位，故意縮小對方的行動半徑讓人覺得很不舒服。

我們周遭有很多家庭都經歷過這種典型「長長情侶」衝突所引發的混亂，令人惋惜的是，很多長女在選擇配偶時，以家中的老么看起來不夠男人為由，而被看似可靠的長子吸引，最終跳入了火坑——要是能被成長期間飽受姊姊教訓和關照的可愛老么吸引就好了。

「長長情侶」為了生存，到頭來還是需要在心靈上能相互理解的技術，而這項技術就是「放手不管」。放手不管是長長情侶能守護住彼此領地與和平共存的方式。理想的平復與和睦是不可能的，人類不會那麼輕易就改變，所以稍微改變幾個情況或幾個行動會更加有效。我建議期盼和平的長長情侶實踐以下幾點看看：

一、相互認可，放任不管

與其互相指責個性不合，不如相互認可、相互理解。例如，你可以說：「以長子

（長女）身分生活讓你成為這樣的人，你也辛苦了，應該很累吧，那些負擔應該很重吧。」以這種方式認可彼此過去努力的生活。

然後既然過去那麼辛苦，現在就隨心所欲，自在地休息吧，所以才「放任不管」。謹記，不論是凌晨四點掃地、不論是早餐只喝咖啡（不吃其他東西）、不論是一年去掃墓十次、、、，不論怎樣，都不控制彼此的行為，就只是放任不管。就算早餐吃蘋果很健康，只要對方不喜歡就不要勸他吃。長長情侶很難實踐的「放任不管」，能為彼此建築起能夠住得下去的家。

二、放棄期待改變

果斷放棄期待對方會改變。你很難改掉任何習慣，而對方也是如此，你覺得突然要早起運動很困難，相同的，對方也很難滿足你的要求，所以停止在心理上掐著對方脖子不放吧！少嘮叨一點吧，即使是為對方著想而嘮叨，但嘮叨本來就是單方面的訊息，難免讓人聽來厭煩。但是這有個小秘訣，即使一樣都是嘮叨，只要改變說話順序，嘮叨就會成為關愛的話語。

案例一：行動指示＋情感

嘮叨的人：「帶圍巾出門！」

被嘮叨的人：「沒關係，不用。」

嘮叨的人：「我就說會冷！你敢感冒試試看，你都愛怎樣就怎樣，這家裡只有我在擔心，我也只能擔心而已。」

被嘮叨的人：「唉……我不要帶！」（甩門）

嘮叨對方要他帶圍巾出門是因為擔心他會感冒才說的，但由於語順錯誤，擔心的心情無法傳達出去，只傳達出了掌控對方行動的指示和命令。這時只要調換順序，先傳達感情再傳達行動指示，嘮叨就會變成親切的關照話語。

案例二：情感＋行動指示

關照的人：「嗯……這樣不會感冒嗎？我擔心你會感冒耶，帶個圍巾出門吧。」

被關照的人：「沒關係」或「知道了」。

被關照的人可能會帶圍巾出去，也可能不帶，但無論哪一方，都不會認為對方是在對自己嘮叨。因此只要把說話方式改成先傳達情感，對方就會感受到完全不同的態度。

三、讓對方做出他自己喜歡的行動

為實踐夫妻間的愛，請在下面選一個你比較容易實踐的選項吧。

- 不做對方討厭的言行。
- 對方做出他自己喜歡的行為時，就放任不管。

兩者中哪個更容易實踐？應該是後者吧。包括長長夫妻在內的夫妻，如果夫妻都想解決矛盾，只要對方喜歡的事不是犯罪，那就放任不管吧，這有助於提高夫妻關係的正向發展。例如，即使不喜歡對方在家「自己喝酒」也會做一盤下酒菜默默地遞給對方；即使家計簿出現了赤字，雖然討厭對方盯著電視購物頻道，也會安靜地遞上錢包和手機；對方喜歡的體育新聞或電視劇播出時段時，會安靜地遞遙控器給對方等，讓對方做自己喜歡的事情，這是降低夫妻關係緊張的有效方法。這樣會讓人感到自己的行為受到尊重、得到某種認可，因此長期而言有助於營造出夫妻之間和平的氛圍。

有對長長情侶說，直到他們各自使用不同的房間後他們才找到關係的和平，身體也變健康了。在韓國社會中成長的典型「長長情侶」，他們的感情很艱辛，正面對決並非總是好的殺手鐧，有時盡量避免正面交鋒可能才是最快結束戰爭的要領。

逼迫朋友般的女兒犧牲

前面我們已經探討過母親世代K長女的特性了，那麼女兒世代中的K長女有怎樣的特點呢？和母親世代一樣嗎？還是有所改變呢？我曾公開過關於長子、長女情侶的講課影片，在二十分鐘的講課影片下足足有一千九百多個留言，我懷疑自己的眼睛，一一查看了留言。其實看留言是讓自己「心靈創傷」的捷徑，所以我平時不怎麼看留言，但不知道我那天是哪來的勇氣，讀完了一千九百則留言，好像花了兩個小時左右。不過，留言的內容與其說是單純看影片的感想，不如說是字字句句飽含了身為長女的悲與喜，有些留言下還出現一連串鼓勵和安慰的回覆留言。下面是當天讀到的留言中讓我印象最深刻的幾個。

「我有一個三歲的弟弟。我自己得開拓世界，活得像聖女貞德一樣，弟弟則像溫室裡的花朵一樣長大……（略）」——美妙〇〇

「下輩子我要當老么。」─瑜伽〇〇

「小一歲的妹妹是最慘的，而且她還是個愛嫉妒又身體弱的妹妹。說來真是諷刺，我還必須呵護我的敵人。」─朴〇〇

「弟弟和媽媽很合得來，而我則是完全跟他們合不來，這種感覺很沮喪，真的過得很辛苦。」─孩子〇〇

「當長女的人要做父母的工作，做長子的人則是全家人的長工。這就是我們倆夫妻的故事。」─金〇〇

雖然女兒世代的長女不如母親世代的長女誇張，但女兒世代的長女們仍然吐露出身為長女的苦衷。如果父母有意識地養育子女，也許還不一定如此，但一般情況下，母親世代長女的苦衷會原封不動地傳給女兒們，現代版K長女們仍正吐露著這些困難。

「不懂為什麼弟弟要繳交給學校的資料得由我來填？不懂為什麼弟弟宿舍的被子理所當然是我要洗？」

「我好像是為了照顧弟弟、妹妹們而出生的，我一直忍著，忍到太累了，跟媽媽說對弟弟、妹妹們的不滿，結果媽媽卻說我很自私，我真的覺得很委屈、很荒謬。」

「我是個長女卻活得像長子一樣。每次家裡出事，我都要背著槍桿去解決事情，然後賺錢回家……我累了。」

「有天媽媽直接對我這樣說：『大手術應該得在你在的時候做。』她總是這樣，身為長女的我永遠都不是被愛的目標，而是工具。」

「看到弟弟能和媽媽處得很好就覺得很神奇，弟弟從來就沒當過媽媽的情緒垃圾桶，所以當然能處得很好吧。」

「不管我在哪裡都看起來像長女，因為我不會撒嬌，又總是在照顧別人，而且最重要的原因是我不會請求他人的幫助，總是想一個人解決。其實如果有人幫忙的話，我也會覺得很尷尬。」

「小時候有一天我鼓起勇氣問爸爸：『爸爸，你比我大三十歲，我年紀還這麼小，年紀小的我做飯給爸爸吃是對的嗎？』」

「不知道是不是因為媽媽是老么的關係，她無法理解我身為長女的苦衷。看到朋友們和身為長女的母親經常吵架，我想倒不如那樣算了。我媽太弱了，總是依靠我，而我無法依靠她。」

「我六歲後就再也沒當過小孩了。某天弟弟出生了，我就突然開始在另一間房間裡自己睡覺，我覺得非常害怕、非常辛苦。我記得有次弟弟把我書櫃裡的書全都抽出來撕爛，而我一個人哭著整理書櫃。」

雖說時代變了，但社會還是不停生產出許多K長女。究竟是哪些部分正在反覆發生呢？

第一，長女們被賦予責任要積極參與家中的某些問題。她們不輕易向老么透露母親得癌症的事，而她們會尋找該領域的權威，儘快計劃母親的手術和抗癌治療日程。長女們在葬禮上也不愛哭，她們會決定葬地與壽衣，準備迎接弔唁者，在所有事情結束之前她們無法自由放任的哭。在家庭關係中，將這種責任「集中推給某人」是件不幸的事，大多數夫妻對關係不滿意時，特別愛把許多角色移交給壯年期的子女，只有在父母親各自扮演好各自的角色，像大人一樣承擔起自身責任時，長子、長女們才能放下不必要的負擔。

第二，扮演母親情緒上的監護人或扮演「代理挨罵人」或「代理配偶」的角色。媽媽們有時會毫無保留地向女兒們傾吐自身情感，或是希望女兒能允許她傾吐情感，希望即使自己不說明女兒也能知道。最重要的是，女兒們在弟弟和媽媽間感受到了疏遠感，雖然都一樣是媽媽的孩子，但在弟弟面前媽媽卻變成了另一個人。媽媽對長女說的話總是像生食一樣不懂得先經過調理，但對弟弟說話卻不是如此，在弟弟身上有條界線，然而長女身上則沒有。

某天我的後輩向我訴苦，她的母親進入更年期，一到凌晨就會跑到後輩的房間躺下，但是她的房間是家裡最小的房間，一個人躺著就擠滿了。然後某天媽媽直接說要一起睡，問媽媽為什麼，媽媽說：「最近晚上睡不著覺，翻來覆去，吵醒爸爸感覺不好意思，所以才覺得睡這裡很舒服。」問她：「還有弟弟的房間，為什麼非要來我這間小房間？」她回答道：「你弟弟在工作，要是睡不好怎麼辦？」這時後輩就生氣了：「我也在工作！媽，我是無業遊民嗎？我也在上班耶，我被吵醒卻沒關係嗎？」弟弟和K長女雖然都是媽媽的孩子，但在媽媽腦中卻被歸類為不同的類別。

如果母親和女兒都是長女，那麼K長女與K長女的相遇就會引發另一種衝突。長子長女情侶的衝突會在身為長女的母親與身為長女的女兒間反覆出現，這時掌控力與掌控力相互衝突，發展成殺氣騰騰的母女衝突。如果女兒喜歡新出的空氣循環機，而媽媽喜歡典型的電風扇時，她們會很難達成協議，如果一個人買來，一個人就會去退貨，一個人退貨後，另一個人又會再買回來。如果K長女的母親也過著K長女的生活的話，生活就會變得更加艱難。

自古以來想獲得自由就必須抵抗，如果你因身為長女而負擔很重，覺得幸福被剝奪了，請考慮看看以下提案。擺脫越多束縛你就越能夠成為自由的女兒與母親，你的生活方式和養育方式也會發生變化，而且家庭會出現和平的局面，你的女兒會成長為自由之人。

一、改掉「非我不可」的觀念

真的有那麼多事非長女不可？關於那些我們以為非自己不可的事，讓我們來找找看其他答案吧。再往前跨一步的話，可以說：「不回去又怎樣，我也不管了。」愛怎樣就怎樣吧，此時疏遠那些罵你的人也沒關係。

二、加深對家人的信任，把工作丟出去

找找其他家人也完全能勝任且應該做的事，想想我是不是太固定地在做這些事了，然後把事情丟給其他家人吧。他們都是成年人了，家人比你想像的還要多才多藝，他們也能像你一樣用自己的方法解決問題，意思就是給其他手足一個殘酷的成長機會。但，此時需要一個宣布的儀式，事先向家人說明你做這項決定的背景，還有這段期間的困難與今後的決心，從此以後你就能兩腿一伸安心睡覺了。

三、別害怕拒絕別人

家裡因大小事等問題對長女們提出請求時，她們無法輕易拒絕，在相同情況下，老么有時會手機一關機就飛去紐約。所以不要害怕拒絕，要把你的狀態放在第一順位，即使拒絕了不正當或無理的要求，即使拒絕了其他家人的自私要求，你也不是壞人，不要有罪惡感，應該要聽到他們說「姊姊變了」，這樣才對。

四、擺脫虛假的罪惡感

也許把事情丟給其他家人、拒絕工作或改掉非自己不可的想法時，過程中會出現心理不安與不適的戒斷症狀。不是有人這樣說過嗎？如果從小就把大象關在鐵籠裡飼養，就算牠長成成年大象，有力量了，牠也不會自己破壞鐵籠逃出，被馴化、被固化就是這麼悲哀的事，原本能在草原上奔跑的大象最終只能生活在鐵籠裡……當你在忍受著不安、不舒服、虛假的罪惡感時鐵窗就會一點一點地瓦解。

希望大家現在能擺脫K長女的枷鎖，為自己做很多事，然後別把K長女的枷鎖傳給自己的女兒，為了讓女兒成長為獨特的人，今後全面禁止對女兒說以下的話。

「媽媽不在的時候你就是媽媽。」
「媽媽除了你，還會對誰說這樣的話。」
「你是像朋友一樣的女兒。」
「媽媽不在的時候，你要準備家裡的飯菜。」
「你應該成為弟弟、妹妹們的榜樣呀，不然他們要跟誰學啊？」
「你怎麼沒看好弟弟呢？為什麼讓他哭了。」
「媽只相信你喔！」

過去你的日子過得真辛苦，現在插上自由的旗幟吧，加油！

女兒為什麼會繼承母親的命運呢？

在我十五歲時，恐怖的國二生時期，我談了第一次的戀愛，時間很短，媽媽則瑟瑟發抖，媽媽極度害怕我戀愛。現在回想起來，我的戀愛刺激了母親的不安，母親的不安幾乎到達了恐懼的程度，我從母親的表情與眼神讀到了不安，這帶給我無比的罪惡感。即便如此，我還是以不屈服的意志開始談起了戀愛，但最終承受不住罪惡感的重量，到二十一歲時就下定決心放棄戀愛。太累了，戀愛已經夠辛苦了，加上母親的不安又讓我更加痛苦。表面上雖然像是為了自我實現而暫時不談戀愛，但其實是因為我不想和媽媽一起感到不安，也不喜歡看到生硬的媽媽（一開始我的確決定不談戀愛，但時間一久，不知不覺就……就又談起戀愛了）。

媽媽用很不平凡的方式對待與我交往的男人——如果她能像其他母親一樣自然地對待女兒的戀情的話會有多好，但媽媽總是失去自己的節奏，胡亂做出不符合大人的行為。例如，她第一次見到我男友時，突然像對待女婿一樣，點了大量的中式食物，讓他吃到消化不良，或是戴著墨鏡出現在我的約會場所，遠遠地站著看。而且只要我相親時出現不錯的徵兆，她就會生氣地說：「你總是想離開我。」高中時期，她禁止我參與任何社團活動或與男學生混在一起，進大學後的第一年，我晚上無論如何一定要在十點前回家，理由只有一個，就是不能隨便和男人交往。後來，媽媽又說自己朋友的兒子很乖，為了要把我們綁在一起還隨意湊合我們。

因為媽媽自己本來就只經歷過奇觀（？）類的男人，所以對她來說，戀愛本身就是拿女兒安全當抵押的危險遊戲。媽媽不願意我賭上任何東西，只希望我安全地好好待著，自己一個人……所以我的戀愛怎麼可能談得自在呢？

而且我沒和父親一起生活，所以不知道男人是怎樣的存在，對從母親那裡聽到關於男人們的短評，當然都只有壞的。成年男女在相愛的過程中如果無法好好搞清楚關係結束的原因，就會覺得關係破裂的原因都是「因為對方是渣男，我只是個沒男人緣、沒丈夫緣的女人才會這樣」，陷入了認知上的扭曲，不知道每個分手的個別原因，而認為「男人本來就是那種族類，所以我被分手了」，然後決心不再輕易相信這種男人，相信男人都是這種樣子。

與此相似的心理現象叫「外團體同質性效應」，這個現象指的是一個集體高估自身的同質性，且低估相對集體的能力或多樣性。比如說，與婚外情相關的電視劇會出現以下的對話：

「你看，你看，沒有男人不外遇的，男人都是那樣，看到漂亮又年輕的女孩都會被吸引過去。女人最可憐了。」

「總之女人都太累人了，所以男人才會往外跑啊。」

仔細看的話，就會發現這可能是個人或這對情侶的問題而已，但如果沒有充分撫平傷害，人就會以這種方式急躁地掉入一般化的錯誤中。而且被男人傷害的女性們對男性的觀點扭曲，在女兒選擇男人時她會戴上有色眼鏡，而母親們的這些教誨對女兒來說則成了強力的聖經。

我媽也是如此，她所說的話、對偶爾見到的父親所採取的態度，以及關於父親的言論，媽媽的態度總是負面的。有句韓國俗諺說「挨罵會活得久」，如果聽媽媽和外婆罵爸爸能讓我代替爸爸延壽的話，那我應該會長生不老。

從媽媽口中聽到的男人，就像從未踏上的土地與未知國度一樣，就像不知名的某部落千年傳承下來的矛或盾——不知是寶物還是凶器——不知是攻擊我的矛，還是保護我的盾牌。透過母親的言論，我所想像出來的男人就是這種存在。

最後我還是需要花很多時間嘗試錯誤，去了解這世界上的男人並非都是如此。雖然男人既可以是矛又可以是盾，但這都因人而異，不僅男人如此，女人同樣可能是矛又是盾，我真的花了很長的時間才領悟到這點。要是媽媽能給我正確的訊息就好了，但她塞了一張荒謬的地圖到我手中，她說只要跟著地圖走肯定會得到幸福，因此我也只能徘徊這麼久了。

母親扭曲的男性觀對女兒的影響

應該有很多處境跟我相似的女兒，女兒下載了媽媽對男性的觀點，那是自動儲存的，也就是在不知道的情況下儲存的。媽媽越同等地看待自己與女兒，就越擔心女兒會在自己跌倒的地方也同樣地跌倒。而且非常少數情緒非常不穩定的母親，她們還會經常對女兒說出近似詛咒的話：「你覺得你和我不一樣嗎？我們一模一樣。」

因此女兒選擇男人時，這個選擇比想像中還難，尤其是經濟上依賴母親的情況，或者對家庭的責任感越強就越是如此，不是選擇我喜歡的男人、我需要的男人，而是在不知不覺中被潛意識強行俘虜，覺得應該要選擇媽媽喜歡的男人，選擇不讓媽媽失望的男人。

女兒應該更客觀地看待母親對男性的觀點，只要和爸爸的關係不好，她對男性的觀點就很有可能被扭曲一點。想了解母親對男性的觀點，可以試著提出以下的問題。

為了了解母親對男性的觀點可以提出的問題

一、你覺得爸爸是怎樣的人？
二、爸爸的缺點只是爸爸的問題，還是所有男性共同的問題？
三、如果有談過讓你受傷的戀愛的話，可以跟我聊一下嗎？
四、是怎麼撫平那個傷口的？或者已經理解那段感情了嗎？
五、「男人是〇〇〇。」請完成這個句子。
六、你希望女兒遇到怎樣的男人？為什麼？
七、在互相傷害的關係中，媽媽做錯了什麼？

聽媽媽回答這些問題，你就能知道媽媽對男性的觀念是怎樣的，而且你也不知不覺地了解到她下載給你的訊息是怎樣的訊息，這樣你就可以找到專屬於你的視角了。只有擺脫母親對男性的觀點，你才能擁有自己的觀點。

男性觀扭曲的母親對女婿的看法和情感都很複雜，她們不承認女婿是女兒人格上的伴侶，有時女婿是讓女兒痛苦的無恥之徒，有時卻是拯救女兒的救世主，對女婿的偏向視角會造成另一種矛盾關係。進入這種誤區的母親通常會做出兩極化的行為，女婿在沙發上用有點舒服地姿勢躺著，岳母就會把女婿當成樹懶，覺得他很懶惰，讓女兒受苦，女婿就成為了連看都不想看到的討人厭存在，淪落為被岳母輕視的對象；相反的，岳母也會把藏在冷凍庫深處的馬頭魚夾到女婿的湯匙上，把他塑造成造就了女兒的成就而值得被讚揚的貴人（什麼？我們家居然有馬頭魚？）。因此只要掌握母親對男性的觀點，在選擇男人或看著自己已選擇的男人時，就能有更準確的視角和相應的情感了。

而當我們成為母親時，孩子第一次開始戀愛或單戀某個人的時候，應該尊重並認可這種心情。站在孩子的立場上，一旦自己的愛意被發現，會感到慌張與緊張，因為這是孩子自己第一次經歷的事，這件事本身就已經令人很混亂了，如果母親還用不承認自己情感的眼神與擔心的角度看待的話，孩子就會徹底感受到母親的不安。當然站在父母的立場上也可能會擔心孩子，但一定要記住，當孩子們認為即使把自己的情感盡情展現給父母看也能得到認可時，他們就絕對不會做出危險的嘗試或偏差的行為。孩子們透過父母對自己頭一次戀愛（情感）的反應，得到認同自身情感的信心，以此為基礎，長成能夠愛人的成年人。雖然關於孩子是否要繼續戀愛的這部分還需要對話，但首先要對孩子感受到的情感給予絕對的認可，不要做出讓孩子否定自身情感、對自己所感受到的愛情感到羞恥或內疚的言行。雖然一聽到孩子戀愛的消息可能會很慌張，但如果能說出下面這句話，你就算是成功跨越第一個難關了。

「哇！居然開始談戀愛了，你長大了耶！」

我們的母親們沒有把男女間的愛情納入應該學習的知識和技術範疇中，她們生於大家都覺得夫妻床頭吵、床尾和的時代，她們只是各自為戰，各自持續著自己的艱辛愛情。母親們扭曲視角已經僵化，在他們身邊應該沒有能夠矯正她們的引導者。也許是因為如此，不久前我聽到六十多歲的阿姨和朋友們分享並重播我講課的影片，而分享影片的群組聊天室出現了以下的評論。

「我們應該在結婚前先看這個的……」

「就是說啊，這種事以前應該要有人教我們的啊！」

四十五年前她們沒來得及學習，只能談著寂寞且孤獨的愛情。然而現在已經不一樣了，我們的女兒們看YouTube、聽講、閱讀、與朋友對話、在網路上接觸各種訊息和多樣的事例，我們的女兒們會比我們更聰明地去尋找自己的愛情。所以在適當的時候，你只要笑著放開她的手就可以了。

女兒不是母親的化身

也許這個想法有點偏激，但當人們說「媽媽應該有個女兒」時，我常常會覺得這句話就像在告訴媽媽，她們應該要有一個「相處起來非常自在、好欺負、心靈依靠的對象」一樣。人們通常把女性必須擁有的「非常好欺負、相處起來自在的獨特對象」稱為「女兒」，女兒特有的作用是丈夫、兒子、朋友都做不到且無法替代的，因此女性會被鼓勵生女兒。一個女人反覆懷孕生子，只生了三個兒子而沒生女兒的話，女兒對她而言本來就不存在，但不知為何大家都對她表示遺憾。

「要是最後能生一個女兒就好了。」

然後再虛偽地鼓勵她。

「把兒子都養大的話，感覺也很可靠啊……就像有三個支柱啊！」

女兒的角色雖然不是雙胞胎姊妹，但女兒對母親來說就像有時差的雙胞胎，雖然不是分身卻如同分身般，有一種化身的功能。母親將自己無法實現的夢想轉嫁給女兒，以自己喜歡的風格打扮女兒，讓女兒代替自己做自己幾乎不可能做到的社會行為，舉例來說：

「爸爸好像心情不好，他回來的話你就笑著跟他打招呼，知道了吧？」

女兒就這樣成為了母親的化身。以下是三位懷疑自己是不是母親化身的女兒，讓我們聽聽看她們的故事吧。

貞敏覺得自己有太多時刻都在當母親的化身，儼然已成日常。媽媽很多時候會把貞敏推出去，每當家裡氣氛不好的時候，貞敏的母親就會逼迫貞敏去調節氣氛，不但會說「跟奶奶說說話吧」、「拿水果給爺爺吧」、「問姑姑吃飯了嗎」等話，當媽媽自己不願觀察爸爸的表情和心情時，還會要求女兒去觀察。親戚們聚會時貞敏要和氣小心地接待大人，聽大人們說話要恭敬且配合地反應，還要陪伴姨婆等等，貞敏要代替媽媽扮演家中的親善大使角色。問題是這並沒有考慮到貞敏的心情，不管貞敏心情如何，她都要按照母親的要求當母親的代理人。如果貞敏偶爾露出不悅的神色，貞敏的母親就會生氣，嘲諷地說：「女兒好可怕，我都不敢說話了。」貞敏當了九次母親的化身才提出一次自己的意見，就經常被當作無視母親的「壞丫頭」。

美愛的媽媽是個完美且一絲不苟的人，對她而言原則很重要，無論任何事情都喜歡照規則依序進行，所以美愛也必須照原則依序進行才能維持家裡的「和平」，譬如毛巾要按照媽媽說的順序使用、拌冷麵裡一定要放芥末。雖然美愛不喜歡芥末，但拒絕芥末的話，她就會成為連芥末的美味秘密都不懂的人，而世上味覺最差的人是沒有資格吃冷麵的。吃鰻魚時一定要放生薑，煮部隊鍋的時候一定要照媽媽說的順序放食材，蔥要擺在最後一個放入的，但是如果美愛繃緊的神經鬆懈掉，在第四次個步驟就放進蔥的話，那就會見到所謂的「悲劇」……

惠妍想讀法學院，但是惠妍的母親卻說女生幹嘛為了過肅殺的人生而去讀法學院，說無法支持她考司法考試，勸她去考師範大學——其實師範大學也是惠妍母親沒能實現的夢想。結果，惠妍的入學考志願表沒有一張能按照惠妍的意願寫，好像媽媽才是新生一樣令人感到錯亂，最後只報名考了媽媽想要的學校。惠妍回憶起這段過程，這樣說道：

「當時我只是覺得生活很辛苦，但並不覺得是因為媽媽的緣故，而是覺得人生本來就是這麼支離破碎的。不過隨著時間推移，破殼而出的我才知道是因為媽媽做錯了，我才感到很辛苦。但其實這也不只是媽媽的問題，某程度上，我好像覺得媽媽這麼辛苦把我養大，也想補償一下母親，該說是想扮演善良的女兒嗎？但是在經濟獨立後，我變得有點不一樣了，該說是有了自立的能力了嗎？還是能和媽媽溝通了呢？總之，某天我說：『拜託媽媽不要再隨心所欲的行動了，現在開始我會隨心所欲的生活，所以你別惹我。』可笑的是，媽媽可能知道我最終還是無法成為阿凡達般的女兒，於是爽快地接受了我的話。獨立後過了不久，我決定去非洲參加一年的志工活動，媽媽覺得這太荒謬了，當時想跟我做一項交易：『如果現在送你去法學院，你就不會去非洲了嗎？』然後我果斷拒絕了。就這樣，母親化身的工作就此結束。」

這三位女兒的故事不是極端的例子，不少母親以這種方式對待女兒。有趣的是，當記者問女兒們：「媽媽有沒有讓你感覺到過你就是媽媽的化身？」時，她們不會問：「什麼？化身？那是什麼意思？」反而有很多人是積極的認同，並像自動販賣機吐出商品那樣，把自己成為母親化身的事通通傾吐出來。觀察她們所吐露的事情，我們會發現母親們所打造出的化身，範圍從外貌到性格都有，十分地廣泛。

如果媽媽很內向，女兒很外向的話，媽媽就會問：「你幹嘛那麼忙？到底是像誰啊？」如果媽媽很外向，女兒很內向的話就會問：「你為什麼那麼沒自信？把背挺起來，有人要把你吃掉了嗎？」如果媽媽很勤奮，女兒卻過得很從容，那麼媽媽就會說：「你為什麼慢吞吞的？怎麼這麼懶惰？這樣怎麼過生活？」媽媽如果個性從容，只要女兒很勤奮的話，媽媽就會說：「喂，活得自在一點吧。就算你不匆忙生活，人生也會一帆風順的，幹嘛那麼拚命？」人的喜好和個性各不相同，但只有母親的標準才能成為標準，無時無刻評價與評斷女兒。

不僅如此，有一些媽媽很想照自己的風格來打扮並控制女兒們的外貌。讓我們回想一下以前媽媽幫我們綁頭髮的時期吧，媽媽完全展現自己的本性，把我們的頭髮綁得緊緊的，眼睛都要往兩邊扯開了，大家一定都體驗過吧？有個朋友說了一個「哭笑不得」的故事，因為媽媽把她的頭髮綁得太緊了，強度幾乎是過了三天都絕對不會鬆開的程度，所以小學時期拍的所有照片眼睛都細細長長的。這些喜歡干涉女兒外貌的媽媽們，她們幾乎都受不了女兒挑選的衣服，「買些像樣的衣服穿吧！」「這個適合你嗎？你像我，小腿很粗，為什麼總喜歡穿裙子？穿褲子吧。」

甚至有的媽媽會說「笑的時候只能露出六顆牙」，規定笑的時候牙齒露出的數量，要是女兒忘記這個建議事項而盡情開懷笑的話，媽媽就會捏她的臉頰，提醒她健康美麗的微笑牙齒可以露出的標準數量。「六顆、六顆！」

我媽也差不多如此。我媽媽喜歡我綁公主頭髮型，要是我披頭散髮，媽媽就會說：「這樣披頭散髮的話，正面雖然看起來還不錯，但從旁邊看的話頭髮很搞笑，綁起來吧！」經常說一些讓人想衝動地乾脆把頭髮全剪掉的話。

母親們如此輕易地就把女兒們變成自己的化身，女兒們很多時候都不知道自己是個化身，身為母親的化身，自己的存在就被蠶食掉了。而過去曾為化身的女兒們大約在到了有經濟能力的三十多歲後，就會開始與母親開戰，當然，這時也會伴隨著自己女兒的育兒期，而再度出現一場大混亂。母親沒有意識到自己對他人的控制欲望，或是雖有意識卻無法控制住欲望，而把女兒變成了自己的化身。

在韓國社會裡，母親之所以對女兒有很多控制欲，可能是因為母親內在的不安情緒高漲。對媽媽而言，她們有一種不安，覺得「我女兒在這社會上應該以被愛的女性身分，安全地活下去。」因此，如果女兒看似試圖背離她暗地被要求的女性形象，她們就會以控制女兒的方式處理自己的不安情緒。當母親潛意識中對女兒的不安情緒高漲，母親就會在心理上抗拒女兒的獨立與分離。

不安的程度高時，人們在家庭中的情緒反應就更無法分化，不安程度降低，自律性就會提高。某些家庭成員會展現慢性焦慮，這種家庭成員們在乎家庭的一致性勝過人的個別性。

丹尼爾・帕佩羅，《鮑文家庭治療短理論書》

根據該理論，在不安的世界裡，女兒緊貼著母親，無法獨立分化，以未分化的狀態成為母親的化身，這樣能夠帶給母親最強的安全感。因此，越是內心不安的母親越是強烈希望把女兒變成化身綁在自己身邊。

另外，在我們母親的世代中，韓國社會的女性若結婚、生育，除了母親與妻子、媳婦的角色之外，她們沒有其他適合實現自我、自我成長的方案。因此，在不知不覺中，她們向心理上最容易接近的女兒擴張自我，視之為自我的擴張版，媽媽們有時會把自己的夢想轉嫁給女兒，有時也會在她們身上實現自己想要的外貌。一般來說母親們大多不知道自己與女兒過度親密，所以母親很難感受到與女兒們是不同的人格主體，不知道女兒在心理上有獨立的必要性，所以在母女關係發生覺醒之前，很多女兒都是母親的化身。但不幸的事實是，阿凡達化的女兒絕對很難帶著高度的自尊感，充滿活力且豪邁地過之後的人生。

> 培養高自尊感子女，父母們應該具備的最基本態度是，不要無視子女的人格，不能只主張父母的立場，不照父母的想法或情感來引導子女。父母對於子女的生活規劃不要想得太遠，不能不考慮子女的立場，也不要讓子女處於冤枉的情況之中。
>
> 金英愛，《薩提爾的冰山理論》

結果女兒的阿凡達化成為了女兒人生變不幸的捷徑，這是最終導致母女關係惡化的行為，也是我們最應該要蔑視的行為。養育年幼女兒的讀者請回頭檢視一下，看看自己是否像對待阿凡達一樣對待女兒，你也許會感到毛骨悚然。不過，就像我們的媽媽一樣，很多媽媽因為太愛女兒而犯下這樣的錯誤，只要改正錯誤即可，不要再養成自己的化身了，也不要再一代代繼承下去，這樣就夠了。

那麼，讓我們想想怎樣做才能夠「不成為母親的化身，不把自己的女兒變成自己的化身」。

不成為母親的化身、不把化身傳承下去的方法

一、如果我是像母親化身的女兒，那就接受這個事實吧。

（真是的……原來我是母親的化身。）

二、現在開始拒絕扮演母親的化身。

（媽，放了芥末的拌冷麵你自己吃吧。）

三、覺得該教女兒一些東西時，分辨一下「喜好」、「對錯」、「安全」、「人格特質」。

- 「夏天就是要吃西瓜」→喜好
- 「為什麼要買那件衣服？」→喜好
- 「排擠人是不對的行為」→對錯
- 「你為什麼這麼愛睡覺？」→人格特質（絕對睡眠時間量因人而異）
- 「過紅綠燈時不能急著過。」→安全

「對錯」與「安全」是一定要教的，「喜好」與「人格特質」是要認可、要放任

不管的。但有時也會出現必須對個人喜好與人格特質提出建議的時候，例如，如果個性太過於從容，而無法遵守與他人的約定時，可以這樣說：

「嗯……有從容的一面是好的，但這次沒有在期限內完成，沒有遵守約定。這是關於你的信用與責任問題，也是對某人造成傷害的問題，所以一定要改善。」

要記住，此時母親的話應該是徹底的建議和提案，不能變成指責。

我們偶爾會這樣想，這世界上像我這樣的人只有一個，這真的太神奇了，地球上有這麼多人，怎麼長相和個性都不一樣呢？甚至連雙胞胎也都那麼不一樣，為什麼呢？人類之所以高貴，是因為我們具有個別的特性，這也是為什麼與分身相比，擁有特性的人是無可比擬地帥氣。因此女兒身為一個人，是帶著天生的特性而誕生的神祕存在，不用非得讓她淪為自己的化身。不要讓女兒成為自己的化身，我們應該更關注於女兒固有的特性是怎麼成長、如何展現的，關注她是怎麼對周遭產生影響力、怎麼改變社會的，關注這些驚奇的過程才是萬物都無法比擬的幸福。

被好媽媽神話綁架的乳房

我餵了二十四個月的母乳，而且是全母奶，完全以母乳餵養，而且我還是位職業婦女。我把我的乳房獻給孩子二十四個月，如果說男人有去軍隊踢足球的故事可以講，那女人就有生孩子、餵母乳的故事可以說。餵母乳的旅程真的是一條不容易的路，產後家裡就成了牧場，剛為人母的媽媽，在不知道自己是人還是牛的模糊地帶與母乳量展開殊死搏鬥。一滴母乳比黃金還珍貴，只要剩下一點點，就會直送進冷凍室，母親為養育出胖嘟嘟又健康的孩子而全力以赴。母乳啊，泉湧而出吧！媽媽們會喝豆漿和雪濃湯，目前還無法確定科學與民間療法究竟哪個更有效，只是嘗試著一切力所能及的事情而已。

以為就只有這樣嗎？即使母乳流出來了，工作還是要繼續。外出工作，母奶分泌快流出時，我無法餵這些新鮮母乳給孩子，一邊感到心痛一邊在洗手間擠奶。有次，我在地鐵站裡泌乳，襯衫最上面的鈕釦啪的一聲解開了，在扣好自己解開的鈕釦之前，我是多麼懇切地祈禱坐在我面前的男人不要抬頭。「不要抬頭，不要抬頭，就那樣待著，千萬別抬起你的頭。」

回顧過去二十四個月艱辛的全母乳旅程，我現在才想到：「我到底為什麼要那樣做呢？我為什麼會做到那個地步呢？」也是，現在已經十二歲的孩子根本不記得自己吸過母親的奶，「媽媽的胸部真的有牛奶嗎？有巧克力口味的嗎？現在還有嗎？」他只會亂問小屁孩的問題，自己實際上喝過母乳都不記得了。你居然不記得我是怎樣餵母乳給你喝的，你這傢伙……給我記住，你給我記住！

但，我為什麼會這樣呢？為什麼會那麼執著於餵母乳呢？回顧過去，也許我是想和我的媽媽不一樣——我應該是真心想成為能照顧好孩子的媽媽，想要給我孩子過去我想從媽媽身上想得到卻又得不到的愛。於是為了滿足與自我安慰，經歷了漫長的餵母乳過程，我很累但孩子卻完全不記得了。不過其實我並不後悔，這是我的選擇，也許那段時間是我養育自己的時間，如此困難的全母乳旅程我跑完二十四個月的全程，就像跑完全程馬拉松一樣，這給我帶來了無比的成就感。通過付出愛，我填滿了自己內心缺乏的愛，而且這種成就感有助於提高我的自尊。

半母乳半奶粉的真相

我選擇餵母乳的另一個原因是社會氛圍。比起選擇奶粉，「哺餵母乳的人是更好的母親」，在這種壓力下，我想被歸類進社會認可的好母親中。

但事實是母乳與奶粉在嬰兒的心理發展上沒有太大的差異。餵奶粉也是一定要抱著孩子對看著餵，就算沒有直接吸母親的奶，孩子也能感受到愛並健康地成長。在近年來環境污染與塑膠微粒問題日益嚴重的情況下，誰能保證通過母親身體的母乳會比奶粉更健康呢？但很多女性很難擺脫社會的眼光，社會創造了母性神話，認為好母親要對孩子與家庭無私的、犧牲性的照顧並經常待在孩子身邊，無法擺脫這些神話要素的女性就會非常痛苦。

但是雙重標準改變了我的立場，當我的媽媽避開這種母性神話的束縛時，我也會暗自產生雙重的情感，感到失望。舉例來說，在餵母乳的過程中，我突然很好奇我媽是餵我母乳還是奶粉，上小學時曾問過媽媽這個問題，但媽媽回答得不怎麼乾脆，只說是兩種都吃了，說我是雜食性，講得含糊不清。媽媽對於自己有自信的事有反覆說兩、三次的習慣，所以從她的回答推斷，媽媽自己好像在這個部分感到內疚。

牛肉都直接生拌來吃了，小時候是吃母奶還是奶粉到底有什麼重要的，我怎麼會現在才這麼好奇自己是母乳派孩子還是奶粉派孩子？為了解開這個疑惑，我問了外婆和阿姨，但這是三十五年前某個孩子的飲食生活，不可能有人記得像昨天發生的事一樣清楚，家裡又不是只有一、兩個孩子，所以外婆和阿姨的回答都差不多。

「應該……兩種都吃過吧？」

結果，我得到的答案是「應該是雜食」。我並不滿意這個答案，而且沒人能記住我珍貴的嬰兒時期、沒人能爽快地作證，這點也讓我心情越來越差。

然後某天，阿姨說她在老相簿中找到我的照片，那是我滿周歲時和媽媽、阿姨一起去游泳池的照片。阿姨說照片中的我樣子太可愛了，希望我好好珍藏與母親一起留下的珍貴回憶，所以才傳給我照片。不過我卻在那張照片上發現了一個驚人的事實，拍照的地方是游泳池，而我媽卻穿著腰上有繫腰帶的白色正式洋裝！就一位孩子剛滿週歲的母親來說，在泳池畔打扮成這樣很不合時宜吧！如果用最近社群網站上的標籤來形容媽媽的照片的話，就是這樣：

#游泳池　#和孩子一起　#白色正式洋裝　#閃亮亮腰帶

阿姨當時也在育兒，阿姨的泳池打扮就非常合我意，是裙襬寬鬆的洋裝。

#游泳池　#和孩子一起　#寬鬆連身洋裝　#隨時準備抱抱

就是這樣，媽媽的白色洋裝讓我確定了，「什麼啊……我的感覺果然沒錯啊！媽媽對照顧我這個孩子不感興趣！把滿周歲的孩子帶去游泳池，居然穿著有腰帶的正式洋裝？都不知道孩子會發生什麼事，只忙著自己耍帥。肯定連母乳都不會餵！她不是那種會努力的人！」

我激動到對阿姨說出這個想法，阿姨連忙否認說這不是重點，我一連好幾天無論怎樣都難以擺脫白色腰帶洋裝的衝擊。沒有人能好好記住我的嬰兒時期，也沒有辦法查明我極為好奇的母乳與奶粉真相，結果媽媽竟然在游泳池裡繫著腰帶坐著。既然這樣，為什麼要生我呢？我為什麼會出生在這個艱辛的世上呢！我很傷心，腦袋很複雜，接二連三的想法漸漸走向極端。

但是隨時間流逝我才了解到，我的這種想法本身就是在試圖將我媽融入社會所期盼的母性神話中，這就是在試圖測試母親是否有得到合格的分數。我那不完整的想法相信我媽必須符合母性神話的角色，這樣我才能安穩地受人們所喜愛，就是這個想法讓我很好奇半母乳半奶粉的真相。我不希望自己成為母性神話的犧牲品，卻又希望自己的媽媽是符合母性神話的母親；自相矛盾。現在回想起來，這對媽媽來說是非常殘酷又抱歉的事。

儘管母親在成為母親之前是個獨立的個體，是能夠對自己身體做出決定且有主體性的女性，我卻把那個女性拉到母親的位置上，並狠狠地斥責她一頓。當我把思緒整理好之後，半母乳半奶粉的提問就變得毫無意義了（雖然泳池洋裝情況另當別論），因為從根本來看，胸部是媽媽的身體，是媽媽的選擇，她要不要付出血肉都只在於她的意願。就算沒有餵嬰兒母乳，小孩也不會死掉，營養均衡的奶粉，也能把嬰兒養得胖嘟嘟的。而且奶粉是用黃金比例配方製成，嬰兒嚐過一次就忘不掉；母乳只有一種味道，但奶粉可以挑著吃，還可以混著吃。奶粉是如此優秀，所以要不要餵母乳的最終決定權是在媽媽本人身上。

母親與女兒的理想型

母女會互相理想化對方，又因對方達不到理想而感到惋惜。

「別人家的媽媽腰和膝蓋都不會痛，所以她的兩個孩子很輕鬆。」
「別人家的媽媽可以領養老金，所以不用擔心養老問題。」
「別人家的媽媽和爸爸關係很好，不會對女兒們出氣。」

「那家的女兒書讀得好，自動自發，不怎麼需要照顧。」
「那家的女兒考進全校前三名。」
「那家的女兒長得一副模特兒樣。」
「那家的女兒孝親費給得很多。」

習慣理想化的女人們，她們世代相傳造就了母女神話，相互評價和束縛，但這種貪戀只會給彼此帶來傷害。母親和女兒都是獨立的個體，所以應該放下對彼此的期待，成為更鬆散的關係，偶爾也要暫時把對方當成外人對待，這樣才對心理健康有益。在韓國不是有人會這樣說嗎？對媳婦的行為不滿時，就當她是鄰居的媳婦，孩子發燒的話就當他只是侄子吧。也就是說，要保持適當的距離，衝突才會減少。女兒與母親的關係也是如此，有時像對待外人一樣的尊重與距離能夠守護住母女關係。

女兒不是母親的所有物，而母親也不是女兒的所有物，我們對彼此來說都是他人，只是我們是特別相愛的他人。因此，不要隨意貪圖母親的乳房，不要把它當作是自己的一樣，也不要因不能交出自己的心或不想交出自己的心而感到自責。

女兒的一句話緩解了更年期發熱症狀

一般來說，當女兒還無法以女人的角色來理解母親時，母親們就會先進入更年期了。現在回想起來，我好像也這樣想過：

「媽好像變得有點怪，為什麼變得更情緒化了？為什麼想要依靠我？壓力好大……」

不過回想起來，當時正值母親的更年期，對更年期一無所知的我只記得當時媽媽變得很奇怪，情緒很不穩定。但值得慶幸的是，當母親的更年期正式開始時，我的大學生活讓我非常忙碌——幸好我當時常常往外跑，很少在家跟媽媽起衝突，現在回想起來也是鬆了一口氣。

媽媽們的更年期就像一場漫長的颱風，據說短則兩到三年，長則十五年以上，所以更年期並不單純是人生中一個放著就會度過的新時期，我們應該把更年期視為人生的一個過程與人生的一部分。如果母親進入更年期，她的世界就會突然發生變化。首先，母親的身體會產生變化，沒有生理期後，她們還會出現女性認同感的問題。不幸的是，正巧家人的生涯階段也在這時發生了劇烈的變化，原本被抱在懷裡的子女會進入青春期，升大學後會外宿，或和朋友們一起去旅行一個月，也有的會入伍或結婚，孩子們就這樣以光速遠離母親──上個月早上還忙著叫他起床、做飯給他吃，結果一夜之間就結束了。這段時間真的很辛苦，母親突然一個人坐在空房子裡被冷落，就像幾十年都不曾停工的工廠停止了運轉，所有機器的電源都被關閉了，身為母親的生活就這樣戛然而止。

而且這個時期並不是本人自行決定的，因為是自然的人生歷程，也不能埋怨任何人，她們眼前只有必須適應的宿命。沒有做好充分心理準備的情況下，要強制結束營業真的很痛苦，母親要一夜間改變生活方式和結構，重新適應。這個時期就是一片混亂，「這裡是哪裡？我是誰？一直以來我為什麼那樣？現在我該怎麼辦？」只留下這種虛無的疑問。

當然，媽媽會重新適應並尋找出路（如果媽媽穿著藍色褲子和粉色夾克，戴著紅色帽子開始運動的話，那媽媽就是開始尋找出口了），但在這之前要經過一段像發燒一樣的時期。更年期挾帶劇變而來，在所謂更年期這個新世界面前，母親處於相當分裂的狀態，該說像地球突然開始反轉的感覺嗎？她們有如天翻地覆那樣否認自己過去的人生，空虛、無用、嘆息，陷入急度的憂鬱中，然後又會開始好轉，展現出嚴重的情緒起伏——更年期不是只有突如其來的臉潮紅而已。

如果結束中年的母親不知道自己是怎樣的人，不知道自己有怎樣的傷口，或是沒有好好面對真實的自我，沒有自己克服傷痛的經驗的話，此時更年期就會像強烈的海嘯一樣撲面而來，母親會在更年期時遭到重創。

賢珠因為媽媽突然消失而非常驚慌，雖然她知道媽媽最近因更年期而有點憂鬱，但她不曾想過媽媽會突然離家出走。媽媽的手機關機，賢珠跑遍媽媽會去的地方，打了一輪電話，但依然找不到媽媽。要申報失蹤嗎？賢珠和妹妹們陷入了恐慌中，爸爸也不知道媽媽去哪了。當所有家人都深陷巨大衝擊中時，媽媽住在江原道的國中同學傳來了訊息。

「你媽在我這，我是在江原道開民宿的阿姨，不知道你還記得嗎？媽媽好像有點累，但你們不用擔心，我會好好照顧她的。」

家人們癱坐在地上，媽媽為什麼突然跑去那裡呢？女兒們忍無可忍，馬上發動引擎直奔江原道，然後發現了像在拍電視劇一樣獨自坐在沙灘上的媽媽。

「媽，你在這裡幹嘛？瘋了嗎？你知道我們有多害怕嗎？」

「嗯……媽瘋了……」

然後媽媽就再也沒說什麼了，賢珠回家的兩週後才再見到媽媽，媽媽對於離家出走的那天是這樣解釋的。

「洗碗後轉身一看，眼前就是一片漆黑，就只有黑……黑漆漆的、悶悶的，心臟卻狂跳，心撲通撲通地跳……眼淚都流下來了，好像我當下就要倒在這裡死去一樣。所以我就直接出門了，就那樣出去了，但是我卻沒有講任何話的力氣，說不出話來。我覺得這樣下去我可能會瘋掉……」

賢珠的媽媽在更年期時同時面臨四種情況：

一、身體發生變化。

二、家人的生涯階段發生變化（子女獨立離家）。

三、幼年時期傷痛未癒合或未整理。

四、與丈夫間的矛盾被長期閒置與放棄。

幸虧賢珠的媽媽在家人的幫助下，開始到身心醫學科接受諮詢與治療。

像這樣，更年期帶來的生活問題和心理困難就像地瓜的根一樣，我們不知道根的末端連著什麼。所以我對很多女性這樣說，只靠吃堅果和石榴很難戰勝更年期，在正式進入更年期之前一定要好好解決自己幼年時期、青少年時期的傷痛，如果夫妻關係破碎，就算不能解決，至少也要了解原因，如果在內在尚未整理好的狀況下進入更年期，真的不知道會發生什麼事情。而且如果是全心投入想成為對孩子有功能性的母親的話，我就會更用力地對她說：「進入更年期前一定要先找到你自己！」

韓國母親更年期之所以會更加艱辛是因為，在韓國社會中，她們經常以功能性母親的身分生活——也就是母姓的工具人。換句話說，做飯、接送補習班、一起制定入學考試策略、考試時一起熬夜等，這些工具型母性的作用很強。因此，當孩子不再需要這種功能時，媽媽們就會感覺到極大的剝奪感。

Noh與Han（2000）對五十多歲韓國女性的母性經驗研究中，有些人展現了對子女的工具性觀點，比較這些女性的成長期經驗，研究指出這種對子女的工具性觀點是從五十多歲這一代才開始的特性。所謂對子女的工具性觀點指的是盡可能照顧、支持子女並讓他們取得成功的意識，實際上是以多元的方式投資子女。這代表了在父母與子女間，父母的作用導向性特徵比關係導向性特徵更為突出，也就是說父母身為工具所產生的作用比父母與子女關係本身更為突出。意即具有這種世代特性的現代中年人，他們經歷了社會價值體系的混亂與自身家庭內角色變化所帶來的矛盾。Noh與Han（2000）認為此時期母性經驗的核心主題是與子女心理上的分離，因此，對子女分離經驗過程的理解與實際經歷會對中年後期的女性產生影響，為了解並預防這些影響與因此引發的中年女性身體和心理健康問題，我們有必要理解他們的相互作用與適應過程。

申秀珍、朴福男、姜孝英，〈以扎根理論探討韓國中年女性與成人子女的分離經驗〉，《成人看護學會期刊》、第十七卷、第五號（2005）

所以如果母親犧牲自我、忘記自我或積極地把孩子當作自我成就的對象，實踐功能性、工具性的母性的話，當子女不再需要母親的功能，母親就會呈現分裂狀態。

因此，為防止這種悲劇就必須同時運用工具性母性與關係性母性。工具性母性是指為了讓孩子在考試期間順利考試而催促孩子讀書的母性，而關係性母性則是，一同感受孩子準備考試時的緊張感，一同體會孩子接受考試成績時的內心狀態，安慰並鼓勵孩子，認可並擁抱孩子的情感，顧名思義就是沒有目標的分擔情感並共鳴的能力。

「明天要考試吧？睡覺前再看一下考試範圍，別太晚睡。還有，今天禁止玩遊戲。」（工具性母性）

「考試考砸了嗎？心情很差吧……要吃炸雞嗎？但是你努力過了啊，沒關係的。總之，辛苦了，今天就先吃吧。」（關係性母性）

當我們的關係性母性越發達，就算擺脫工具性母性，我們還是能維持與孩子們的關係，度過更年期時所感受到的剝奪感也會相對較少。當然，這並不像嘴巴上說的那麼簡單，我覺得我也算是平時經常聽孩子說話的媽媽，但有次孩子轉身背對我躺下，說了一句話。

「我只說了一句想引起共鳴的話，你卻詳細地說了六句告誡我的話……」

沒錯，關係性母性就是這麼難。但是，千萬不要放棄，要努力。孩子長大後就不再需要幫忙管理補習時間的媽媽了，但是遭遇挫折時給予安慰和力量的媽媽卻是長期需要的對象。因此，讓我們問問自己，我是否過於努力養育子女？是否過度使用工具性母性了？

更年期並不單純只是熱潮紅症狀如此簡單的問題而已，在身體、心理、關係上都需要長期的準備，但我們的媽媽們是怎麼過的呢？只是沉浸於晨間電視節目中，不斷地吃堅果和石榴而已，大部分情況都是在完全沒做好心理與關係準備的情況下進入更年期。一粒核桃不足以抵擋這場大混亂，與更年期獨自孤單奮戰的母親需要女兒的安慰。

「媽，我買了核桃，是加州產的，不要省著吃，多吃點。」

「媽，這裡還有件綠色的褲子，下次看到紫色的就買給你。」

「媽，多虧了媽，我才能順利走到現在。雖然分開的時間很長，但是我一定會記得媽的辛勞、困苦，還有對你的感謝。」

「媽，爸都不在了，談個戀愛怎麼樣？要不要我幫你看看有沒有人能介紹相親嗎？」

這些瑣碎的話語會讓母親克服更年期，給予母親展開人生新篇章的力量。

還有一點，在這個時期母親在任何方面都會找尋自我效能與我能感，並守護自身的存在感。例如，凌晨兩點起床煎三十張泡菜煎餅，或是積極幫忙別人家做祭祀用食物，結果搞得自己全身痠痛，貼滿膏藥，或者是突然買腳踏車，或原本要做五十棵泡菜結果做了一百棵……。當媽媽像漫威裡的黑寡婦一樣用大規模的行動來做事時，千萬不要勸阻她，因為她們只是在努力尋找萎縮的自我效能而已。為了這樣的媽媽，女兒們要做的事是一邊嚼著泡菜煎餅的邊邊角角，一邊說：「天啊，怎麼這麼好吃啊？」或是「媽，我跟你去賣小菜做生意吧？」或者開玩笑地說：「媽的泡菜可以在電視購物上賣了。」這樣就夠了。這樣一來媽媽還是會看著電視劇一直翻來覆去，但接著馬上就會結束適應期，然後她說不定會假裝鬥不過你，接受你的相親介紹，說：「那個人是什麼類型的啊……」

更年期這個詞用的「更」字，意思是重生後重新開始，但是重生談何容易，媽媽正在度過無法用語言表達的殘酷再生時期。母親的更年期就像發燒一樣，為了讓母親能夠帥氣地重生，希望大家能毫不吝嗇地贊助她核桃、藍褲子，以及一句溫暖的話語。

不要過度消費母親

據說上了年紀後幫忙照顧孫子、孫女的老年女性是骨外科診所最大宗的顧客，她們全身上下沒有一處不痛，神經痛會變成慢性的，持續到她們進棺材為止——就算是腳踩在最高級的絲綢上，走起路來，膝蓋還是會感到痠痛。

女兒從小就與同性的母親共享很多東西並得到幫助，不僅在飲食生活上是如此，從剛開始胸部發育時要挑選的內衣，到平時的衣服、入學考試的補習班、雙眼皮手術的醫院，全都是和媽媽一起選的。女兒有很多沒意識到的部分都與母親聯繫在一起，即使沒有一直勾著手一起走，但在心理上有這份聯繫在。媽媽和女兒總是勾著手過日子，有的女兒說，成年後母親的眼珠似乎也跟著自己轉，女兒不知道自己到底對媽媽有多依賴、與媽媽的連結有多深、彼此帶給對方多少影響。

小時候自我與他人的界限不明確，因此如果受到某人心理上的強烈控制和影響的話，自我甚至會變模糊，會產生依賴強者的危險。但是很多母親，尤其是將入學考試視為人生重心的韓國社會上的母親，她們傾向強烈介入子女的生活並控制子女，不允許子女在心理上有多餘的空間，如果想擁有多餘的空間就會被解釋為反抗與逾矩行為，變成考不上大學的「大事」。

很多子女從小就以這種方式與母親形成強有力的連結，成為了心理上相連的命運共同體。但即使是母女關係，也絕對不能成為命運共同體。由於控制大多會被解釋成「偉大的愛」，雖然我們有點難對控制下評論，但控制不會被評為必須抵抗的邪惡之氣，因此它把觸角伸向女兒人生的各個地方。

媽媽更是無法讓這個命運共同體解體，因為母親也在這個關係中確立了自身的價值與存在感，所以拿掉女兒的存在，母親就會經歷恐慌，就像自己的人生突然漂流在茫茫大海之中一樣。

「我們無法分開，我們怎麼能分開呢……」即使女兒結婚，這個命運共同體也無法解體，女兒結婚獨立後應該互相bye-bye，但媽媽和女兒根本沒有認真地意識到彼此是需要獨立的關係。因此，母女的故事不斷進化，真正的母女衝突在女兒婚後正式開始，母女命運共同體這個既緊張又厲害的故事序幕更容易隨著娘家母親開始幫忙育兒而揭開，她們雖然彼此相愛，但關係依存在對彼此的需要之上而錯綜複雜，這樣的關係讓彼此感到疲憊。

媽媽本來不是更喜歡兒子嗎？沒錯，媽媽愛兒子。但是媽媽們也學到了很多，她們知道如果兒子結婚後介入他的婚姻生活，兒子的人生就會變得累。婆媳衝突的話題已是人盡皆知的故事了，因此有些母親們為了兒子生活的和平，從一開始就非常小心地與兒子、媳婦建立關係，周遭的人也會勸她們不要與兒子和媳婦過於親近。

「不要一直做小菜送媳婦，聽說最近大家都不喜歡這樣。」

「連電話都不通知一聲就去兒子家啊？唉呦，不用想也知道，人家當然不喜歡啦。」

這可謂教育之正向功能。但女兒卻不同，與女兒的關係如同未受教育的地區，沒有任何基準和指南，大家認為娘家母親幫助已婚女兒是理所當然的事情，女兒有這種母親的話就是很有福氣的女人。

再加上娘家母親所生活成長的世代是家父長制的社會，母親為子女犧牲、奉獻是再理所當然不過的事情。因此會覺得即使子女長大成人、組建家庭、獨立出去了，家長也要照顧子女，盡心盡力照顧子女都算是父母的美德。不過卻沒有想到，她們之所以會這樣想是因為自己無法將子女人生與自身生活分開的緣故。

而且事實上對媽媽來說，女兒是好欺負的。為了讓子女成功，為孩子做飯、打掃、干預大小事、給予協助皆為父母的美德，既然要介入，比起讓人頭痛的媳婦，女兒是更安全的選擇，因為打從一開始，女兒就是屬於母親的領域。

媽媽自信地打開已婚女兒家的大門，幫忙照顧孩子、整理冰箱、打掃廁所、做小菜送過去，如果女兒是職業婦女的話，娘家母親介入的餘地只會更大。媽媽光是介入還不夠，還會佔據一席之地，開始發聲。

「喂，你不擦地嗎？吸地就算打掃完了嗎？吸塵器掉出來的灰塵都去哪了？」

「你也網購太多東西了吧？說什麼沒錢，別小看花掉的這些小錢，你不知道這樣買下去會累積很多債務嗎？」

「對老公溫柔一點吧，而且到現在還叫他什麼歐巴[7]來、歐巴去的，都生孩子

7 韓國情侶之間親暱的稱呼，年齡小的女方會稱男方為哥哥，音為「歐巴」。

了，還叫什麼哥哥？叫老公吧。」

「小孩吃點餅乾和麵包會死嗎？你也是這樣被養大的，你有死掉嗎？小題大作……唉呦，要是你有這麼在乎你媽就好了。」

「唉呦，把這個放進冰箱，要不然就扔掉、吃掉……食物要馬上收拾，家裡的壁紙都吸附小菜的味道了，你沒聞到味道嗎？你鼻炎毛病又犯了嗎？」

「要這樣做的話你去找保姆吧，我是你的侍女嗎？」

「我才收你五十萬韓圜[8]就幫你照顧孩子，大家都嚇到了耶？他們還問我我女兒生活是不是很困苦。」

「你最近怎麼這麼胖？別人看了還以為你懷了二胎，別再吃了。」

啊！媽媽對女兒的碎念大派對還沒結束，但女兒即使痛苦也只能忍受，她們既需要媽媽的幫助又感到抱歉，雖然不喜歡嘮叨，但也有些方面因母親而輕鬆許多，而且說實話，若沒有母親的幫助，她們無法想像如何獨自度過這種生活。女兒左右為難，很痛苦，所以最近甚至出現了「娘家母親恐懼症」的新造詞，還出現了跟婆婆相處比跟母親相處還更自在的怪現象。

母女的心理戰在女兒的婚後生活與育兒問題上展開，猶如電視劇《愛情與戰爭》一樣，其實事件表面上是從「餵孩子一塊餅乾」開始的，但兩人之所以在一塊餅乾面前吵得如此激烈，是因為長時間相連在一起的複雜心理關係。

從母女相連的鎖鏈中找回自由的方法

彼此要活下去心理上就要分開一點。在這種情況下，忍受痛苦並非正解，如果就只是撐下去關係真的會變差，或造成無法挽回的傷害，或是讓某一方患上心理疾病。

8 五十萬韓圜，相當於一萬一台幣。（以二〇〇二年匯率換算）

如此糾纏在一起的母女，她們的生存之道是遠離彼此並獨立，但這很難由母親這一方先嘗試，女兒要慢慢地為彼此的獨立做準備，必須下定決心。兩人都通往幸福的路只有這一條，但在這點上很多女兒都會猶豫不決，因為要停止消費母親需要相當大的勇氣。很多時候女兒的人生是建立在母親的犧牲上的，媽媽的時間、媽媽的體力、媽媽的牛骨湯、媽媽的情緒、媽媽的錢、媽媽的未來、媽媽的人生……很多女兒已經不只是從母親身上得到幫助了，而是過度消費母親。

以週末育兒和整理冰箱為例，就算身為職業婦女週一到週五把孩子託付給別人是沒有辦法的，但連週末都要把孩子託給母親，實際上自己週末卻在休息又是怎麼一回事呢？並非因為偶有重要事情，而是習慣性地週末就把孩子託付給別人，為了享受自己的生活，這就是過度消費母親的典型情形。看到媽媽整理冰箱的手腕上貼著膏藥還說：

「媽，不要這樣，不要這樣……。別，不要這樣……」

老實說女兒有時真的很自私，會利用母親，母女就是這樣互相咬來咬去。但為了保持良好的心理關係，現在應該停止了，讓彼此獨立。不是不相往來地生活，而是作為成年人，兩人都應該更專注地過自己的人生。

當然，女兒向母親求助的理由與背景與社會結構的問題有關，社會氛圍對職業婦女來說絕對不寬容，社會只提出了宏大的口號，說：「各位，現在這個社會應該要更關懷家庭。」然而現實之牆卻高得離譜，在家外工作的女性要安心生孩子、無憂無慮地工作，目前幾乎是不可能的，這是大多數職業婦女還有我自己都切身感受到的部分。

一般夫妻即使雙薪也不會公正分配家務工作與育兒工作，很多男性推著嬰兒車來到公園，擔負起主要的育兒與家務工作——但那位男性大多不是我們的丈夫。這種不平等的勞務分配會引發嚴重的夫妻矛盾，因此有很多職業婦女三年以上就會積怨，感到體力的侷限，陷入難以獨自承受的各種角色裡。所以，雖然因不得已而感到抱歉，但有時會拜託讓人最自在、最值得信賴的母親幫忙，偶爾有些娘家母親會想：「我的女兒一定要在社會上取得成功，我不能坐視不管讓女兒獨自一人育兒。」所以她們會捲起袖子挺身而出。

在龐大的社會結構問題前，母女的連結關係又更加強大了。為了消除這種讓人心痛的連結，社會應該賦予女性勞動更高的價值，廢除母性神話，而所有已婚的男性都也應該主導家務和育兒。但因為這種社會結構性問題看似沒有解決的跡象，又或者改善問題需要很長的時間，所以不得已的權宜之計就是過度消費自己的媽媽。這樣合理嗎？也許社會結構性問題的責任就在我們之中最可能成為社會弱者的母親身上吧。

有種能力叫「解決問題的能力」。即使情況相同，人們各自解決問題的方法也不同，有人正面突破，有人直接拚勝負，有人過於被動，厭煩地與問題共存。但是，我們解決問題的能力真的是最好的嗎？如果我們把母親當作解決問題的答案的話，能夠保證女兒們生活的世界會比現在更美好嗎？因為社會結構面有問題而把個人的選擇與責任推進問題中，這也是一種安逸的態度。除了讓媽媽像現在這樣過活之外，我們真的完全沒其他方法了嗎？我希望婦女們能夠主動積極地找到解決問題的辦法，所以希望大家能思考一下以下幾點：

一、不要認為娘家母親老年還要育兒是理所當然的

這個世界上沒有理所當然的事。假如你的女兒生了孩子，你能夠把餘生獻給她，上了年紀還投入育兒工作嗎？我恐怕做不到，也許偶爾幫忙顧一下可以，但要我成為我孫子們的養育者？要我重新養孩子？拿著副食品的小湯匙追著他跑，不能

睡覺背著放聲大哭的孩子哄，在下雨的夜晚繞著社區轉？啊，真是「不用，謝謝。」再怎麼可愛，也是偶爾看看才可愛，所以娘家母親照顧孫子是一件值得感激的事，絕非理所當然的事。因此育兒的請託要鄭重，保持最基本的距離、抱持著感恩的心去拜託吧。

去帶孩子時請遵守約定的時間，依照經濟狀況給錢吧。偶爾會發現有些女兒只要媽媽一提到錢就覺得傷心，雖然可能會傷心，但媽媽對自己的勞動和犧牲有補償心態也是理所當然的事，因為母親不是無酬實習生或志工。在養育方面，娘家母親只能當一位幫手，幫到一定的程度，夫妻就應該負共同的責任，不能僅因為疲勞就當一位旁觀者。媽媽辛苦了大半輩子，比起讓媽媽抱孩子，更應該讓老公抱孩子。

二、冰箱與飲食生活的主權與責任在夫妻身上

媽媽自己也有媽媽的家，媽媽也有冰箱，我們家的冰箱由夫妻兩人自己掌控並負責吧，只有這樣母親才能找到自己的定位，停止提供過度的功能。

要公平分配家務就要增加夫妻的工作量，在家務上不要冷落丈夫，如果老公不把家務當作自己的事，就必須有精力地和老公的對峙，有時夫妻會產生嚴重的爭吵，

有時也許要經過很長的冷戰時間，但千萬不要放棄。未受啟蒙的老公們越是覺醒，社會變化的速度也會越快，為了那一天的到來，要替老公種下自己也是家中主人的意識。

如果分配好工作了，那麼即使看了很痛苦也絕對不要替他做，千萬不要把「幫助」一詞用在家務上。有人說語言是存在的家，對於家務事如果彼此都用「要幫忙嗎、能幫我嗎」來表示的話，這樣就很難取得公道的自主性了。

在必要且可能的情況下，打掃最好是請清潔公司幫忙而不是母親。而且有很多家電也都非常好用，烘乾機、洗碗機、廚餘處理機、掃地機器人……等，生活家電越多夫妻的幸福指數就越高。只要經濟情況許可就買家電用吧，省錢不是唯一的解答，富裕的關係是需要支出的。

一個人獨立成人的過程是很難的，但是只有獨立才能成為真正的大人。我希望身為女兒的你能夠成為承擔自身責任的大人，也希望你能幫媽媽好好過上媽媽自己的人生。所謂的好母親就是，明確了解自己身為女性的存在感、認同感、自信感的人，這不能單靠媽媽的一己之力量，希望身為女兒的你和其他家人能一起幫母親尋找她的存在感，不要讓母親的人生犧牲完就結束。我個人對美洲大陸原住民部族母親所扮演的角色印象非常深刻。

很多生活在美洲大陸的原住民部族所認定的母親角色與我們不同，他們的原則是「母親的身分只到你孩子需要你的時候為止，孩子長大後母親會從母親的義務中解放出來，育兒與對孩子的要求也是有終點的，孩子長大後自然會過得很好，而母親與孩子的關係也就結束了。」這個想法的理念是，你先為人，然後是女人，再來才是母親。孩子獨自生活的時候到來，媽媽就會回到原先的位置。

克勞蒂亞・哈爾曼，《母親與女兒的心理學》

幫助媽媽從母親角色回到女人，再回到一個個人身上，然後才結束一生吧。媽媽能夠去好地方、看好東西、吃好東西的日子比你的日子短，不要再過度消費母親、抓住母親不放了，適可而止吧，你要先放手媽媽才能勉強鬆手。媽媽剩下的日子還要替你永無止境地整理冰箱實在是太可惜了，媽媽剩下的時間一定要比現在更加燦爛耀眼。

育兒的解答真的只有媽媽嗎？你也必須與這個社會一起尋找答案。

第三章 獨立

越過母親，找到自己

其實是因為女兒比較好欺負

雖然需要棉被，不過也還沒打算要買。

媽媽：「我買好被子了。」

「嗯？這麼突然？什麼被子？喔……是花的啊？啊，我不蓋花被子，都說過幾次我不喜歡了？我婚後要用的被子為什麼媽媽你要隨便幫我買？」

「生在福中不知福，實在是……喂！你懂材質嗎？你覺得看起來漂亮就買的，那裡洗衣機洗一次就起毛球，蓋都不能蓋，……你還要感謝我耶！」

「啊，真是的！那個碗盤也是媽隨便買的；我已經找好，準備要買別的了！」

「所以呢？那是用你的錢買的嗎？是用我的錢買的啊，買給你你還生氣。以後我死了可不要對著我的墳墓行禮說『謝謝媽媽』！」

「媽！為什麼你每次都愛怎樣就怎樣？是我結婚耶，為什麼要照你喜歡的買！」

「喂！你去路上抓十個人問吧，誰選的家用品更好？大家都說媽眼光很準，只有你朋友說你挑的好看。都沒做過家務……你懂什麼？」

飯店式床組、北歐風餐碗組就像仲夏夜之夢一樣消失了。

對於一般的母親而言，與女兒們的分界線是不存在的，即使存在也是模糊的虛線吧？如果媽媽想要花被子，女兒就只能蓋花被子睡覺。媽媽手機裡滿是鮮花照片，而我的生活用品也漸漸變成了花叢，花香嗆得我喘不過氣來，但看著看著就適應了，因為花本來就漂亮。但每當看到某人的家是北歐風裝潢時，「我要的是這個啊」的心聲就會回來。條紋風、無印風、飯店風的白色寢具已無法進入我家了，媽媽說要花就是花，媽媽說菜沒有酸掉那就是沒酸。

我們可以將母親的這種信心視為「錯誤共識效應（False-consensus effect）」，這是為了將自己的想法和感覺推向正確的一方，而相信同意自身想法的人很多，因此產生了錯覺。在夫妻吵架中也會發生很多這種錯誤共識效應。

「你去路上抓十個人問吧！看有沒有人結婚二十年還能不忘記老婆生日的？」

可能有不曾忘過老婆生日的男人，但他卻常主張：「都是這樣的，不只有我這樣，只是你不知道而已！」

反正母親就是對女兒使用了錯誤共識效應，藉此控制女兒的情感，漠視女兒的意見，侵犯了彼此間的界線。界線遭無視的女兒雖生氣又委屈，但她卻很難贏過氣勢高昂的母親——因為母親絕對不是好欺負的。

國中一年級時，我有一件非常鍾愛的針織T恤，那件有直條紋的針織T完全就是我喜歡的風格，然而媽媽非常討厭它，她說我已經夠矮了，它會讓我看起來更矮更胖，媽媽認為在別人眼裡肯定也是這樣，強烈地不讓我穿那件衣服。某天上學回來，天啊！那件衣服被丟在家門口的垃圾桶裡了！真是太氣了。我把我那已經沾到垃圾的寶貴衣服重新帶回家，我非常憤怒，然後和媽媽大吵了一架。不過，第二天那件衣服又被丟進垃圾桶裡了。我怒火中燒，又把那件衣服拿回來了，然後又和媽媽大吵一架。隔天上學回來時，那件衣服又被丟進了垃圾桶。這次衣服上被倒了泡菜湯，我氣到爆哭了出來，同時又感到無力——十四歲的少女是無法戰勝母親的。

雖然母親的意圖肯定是想照顧女兒、想讓女兒一切順利，但如果母親以這種方式強烈地越過界線，使用錯誤共識效應的話，女兒就會變得很無力。雖然可能只會搞笑地說：「真拿我媽沒辦法。」然後事情就這樣過去，但即便如此，這也展現出女兒內心的絕望與無力感。被這樣侵犯界線的女兒們，自己又會再反覆犯下侵犯子女界線的錯誤。

擺脫民防訓練隊長般的媽媽

「吃吧，就算沒胃口也要吃，說什麼不想吃？早餐一定要吃。」

孩子對吃什麼沒有決定權，然而媽媽卻說自己沒胃口，用一杯咖啡來舒胃。對拒絕一早就吃油膩炒飯的孩子而言，他們沒有權利拒絕炒飯，因為炒飯是健康食材加滿的天上美味、營養滿分。

下午時，孩子也有自己想做的事，但媽媽卻突然毫無預告地喊：「去超市，穿外套。」出門就像民防衛隊訓練一樣。孩子愛用色鉛筆，但是媽媽因為新學期開始自己決定要打掃的關係，就把它丟進垃圾桶了。如果這些事情反覆發生，孩子們也會像我們一樣感到無力與憤怒，孩子無法輕鬆處理情感，只是把長期的無力感再儲存一次而已。

父母的作用是幫助孩子成長為獨立的人，守護住孩子的界線、決定權，讓孩子成年時不失去自我。因此，千萬不要當一位和藹的暴君，不要一切都自己想怎樣就怎樣，希望你是個能守住界線的媽媽。想做到這點的話，孩子應該是下決定的人，先這樣問孩子吧：

「這些色鉛筆太短了，用起來可能會不方便，要丟掉嗎？」
「要選炒飯還是選泡麵呢？」
「等一下四點我要去超市，可以一起去嗎？」
「我覺得花紋的很好看，就像睡在花叢裡一樣。但你說你不可能會喜歡吧？」

這些問題能守住彼此的界線。所謂的親密感，並不是只靠分享與貼近就能形成的，只有在共享與界線找到平衡時才能形成親密感。打破界線並控制女兒的方式就像我媽從她媽那繼承下來的心理遺物一樣，為了中止代代相傳，必須從認知、提問與尊重對方的回答開始，否則侵犯界線的行為只會繼續下去。

侵犯界線是媽媽隨意重新定義女兒與自己的關係時會發生的事。如果別人問：「女兒怎麼這麼孝順？和女兒聊什麼啊？怎麼看起來那麼有趣？」媽媽就會說：「她是像朋友一樣的女兒。」這時女兒突然成為了朋友。不過如果沒有禮貌地隨意對待媽媽就會惹禍上身，會被斥責：「我是你朋友嗎？」

「像朋友一樣的女兒」和「我是你朋友嗎」，女兒要怎麼填滿這兩者的間距呢？這種現象通常發生在母親試圖透過女兒來滿足自身各種需求的時候。

人類對人際關係有很多樣的欲望，既需要愛情，也需要友情，也需要社會的自我能感和自我效能，人類必須透過體驗各種人際關係與環境以滿足各種欲望。不過，母親和爸爸的關係疏遠；和兒子的關係雖然不錯，但有點難一起相處；而母親生活範圍從街頭走到巷尾就是全部了，所以母親們會在最好欺負的女兒身上滿足對所有關係的欲望。因此，女兒就像玩角色扮演遊戲一樣待在媽媽身邊，星期一像朋友，星期二像孝女沈清[9]；在和爸爸吵架的媽媽身邊像諮商師；媽媽想吃嫩排骨時又像朋友；穿了媽媽不滿意的衣服回家的話，就又會變成沒文化的庶民，一年三百六十五天，天天舉辦混亂的角色扮演遊戲派對。明確一點吧，守好界線，界線不要被侵犯，也不要侵犯別人的界線，女兒是女兒，朋友是朋友。如果媽媽又把你在朋友與女兒兩種角色間拋來拋去的話，就說一句話吧，「媽，我為什麼是你朋友？我有自己的朋友，媽不是也有朋友嗎？我是女兒，媽是媽媽，我們不是朋友。」

9 《沈清傳》是家喻戶曉的韓國民間傳說，孝女沈清出生便喪母，與盲父相依為命。他們受人欺騙，相信捐獻求助神靈能使盲人重見天日，沈清決心自我犧牲投海祭神。她的孝心感動上蒼因而得救並當上王后，父女重逢，父親也雙目復明。

出於同樣的原因，我們必須送母親們進入更寬廣的人際關係與經驗範圍中，雖然會擔心母親的關節健康，但有機會就讓她去遠處吧，就算她說要去跳Zumba也不要勸阻。雖然很難改變母親，但透過送她去這種多樣的環境中，能幫助母親自己成長、改變。而且雖然很難改變母親，但對自己的子女，我們能夠成為守住界線的母親，也可以成為與自己媽媽不一樣的母親。

也許媽媽聽了女兒的一番話後會說：「你厲害，學得多又聰明，女兒都沒用啦。」對於女兒拒絕成為朋友這件事，她可能會傷心地抗拒，不過我們對母親失望的心情是束手無策的，因為那是媽媽的心，而媽媽的心意在媽媽自己的界線裡！不要忘記，反覆侵犯界線是讓女兒變無能為力的捷徑。

所以我覺得有一種母親很酷，早上去幼兒園上學的路上，女兒穿著禮服、戴著王冠，一大早就在走秀，媽媽則走在女兒身後說：「我可不一定就是這個孩子的媽媽，你看，我們走路時分開的距離讓人覺得很模稜兩可吧？」我說的就是講話散發出這種氣息的母親。雖然與女兒保持著適當的步幅，表示自己不認同女兒選擇衣服，但最終還是尊重女兒的時尚感，所謂的界線就是如此。每個人都要各自承擔自己的份，丟臉是你的事，選擇睡花花寢具則是我的事……

媽媽也是第一次當媽媽

第一次談戀愛、第一次接吻、第一次上班……，每個人似乎都有對「第一次」的回憶與悔恨。據說在Netflix上，與初戀相關的內容總是很受歡迎，第一次對很多人來說回憶起來肯定都有點感性。

我所認為的「第一次」是心動、全心全意、真心、熱情、不成熟與未完成，第一次是很難忘的，是永遠銘記於個人記事中的瞬間。雖然很遺憾再也沒有這種心動與熱情了，但令人安心的是，如今已不再像第一次那樣不成熟了。每個人都有第一次的經驗，所以我們對別人經歷的第一次非常寬容，而對自己也是如此。有些人經歷不成熟的初次經驗後而責怪自己，我們就會安慰他們說：

「第一次都是這樣的，有誰第一次就能做好？一開始都是邊跌倒邊學習的。」

但是這種寬容也有例外，那就是關於「第一次當媽媽」的事。我們會假裝說些鼓勵與安慰的話，然後馬上接其他的話，「既然都當媽了就要適應啊」、「但現在當媽了，這樣可不行啊……」、「可是現在已經是媽媽了耶」。

我們腦中肯定有個夢幻母親的說明手冊，看到手臂上有紋身的媽媽我們就會回頭再看一次，母親肯定有某個明確的模樣。不知是因為韓石峯[10]的母親或申師任堂[11]的關係，剛當上母親的人們似乎會被拿來跟「像媽媽」的對象比較。雖然是第一次，卻會被強迫一定要做好，孩子生下來以後，當然會被賦予要負責、要好好養育的義務，但問題是「好」這件事的標準。在育兒方面多樣性並不被認可，媽媽們會自我怪罪，感到內疚。

試想看看，某天你有了孩子，然後人們每天早上都叫你「誰誰誰的媽」，孩子來到世上後一日之間身分由女人變為母親。成為母親的女人「身為母親」，任何事一定都要做好，洗澡也要熟練、做副食品也要熟練、推嬰兒車也要熟練、教育孩子也要熟練、晚上哄睡也要熟練、綁背巾也要熟練、調節憤怒情緒也要熟練。

朋友們逐漸疏遠，因為有了新身分要完成的任務增加了，表面上看起來大家都熟練地做得很好，但其實大部分的母親都感受到自己身為母親的不足，也不認為自己是好媽媽。隨時間流逝，孩子們長大，又有了第二或第三個孩子，雖然被稱作「誰誰的媽媽」已經一點都不尷尬了，但即便如此也無法完全擺脫「我真的是好媽媽嗎」的疑問，這樣的想法時不時地出現，就像觸礁一樣砰一聲撞上浮出水面。

關於做了很多家庭以外的工作，我不太會因此而對孩子感到內疚，剛開始雖然覺得有點累，但認可自己身為職業婦女的社會價值，讓我擺脫了不少內疚感。（我對你做了多少好事啊！你會因我而擁有非常平衡的女性觀，你會覺得男人也會做家務是理所當然的事情，所以如果你選擇結婚，你的婚姻很可能因為從媽這裡獲得的經驗而變幸福，哈哈哈！）

但我還是有個致命弱點，那就是控制自己的情緒——要治好「暴怒症」並不容易。有天我兒子說他自己最近在YouTube上一直看媽媽講課，說我對生氣的情緒好像還是處理不太好，那麼媽媽聽自己的課學學的話不是很好嗎？（居然這樣打我臉，我是不是該沒收他的手機？還是要下達YouTube禁止令？嘖！好吧，就承認然後接受吧。）

10 韓石峰是韓國著名書法家，他的成功離不開母親的教育和努力。母親刻苦做年糕養大他，並決心將有書法特長的兒子教好，送他去學習書法。

11 申師任堂是儒學大家李珥的母親，她培育兒子的故事在韓國是著名的成功親子典範。而她同時也是朝鮮中期的女性畫家、作家、儒學者與詩人。

另一方面我也這樣想，這是我第一次當媽，這種程度已經算不錯了吧，做得很好，很夠了，要記住這點。孩子出生後的四十天左右，我意識到自己就是這小小生命的母親，孩子只想要我，而我卻自覺到自己還沒準備好當母親，因此面臨茫然與恐懼。看著一個蠕動的孩子，我內心不知有多大的恐懼和負擔在動搖著我。不知道到底該做什麼、該怎麼做，實在是太茫然了，好像馬上就要哭出來了。

就像被拋棄一樣，成為母親的女性都要經歷成為「真正」母親的過程。她們出生後從未當過母親，她們正在進行自己不曾學過的「成為好媽媽計劃」，並經歷「我沒資格當媽媽」的混亂時期。很多母親和我分享了自己所感受過與現在正在感受的混亂，我用名字的簡寫來稱呼她們，將她們覺得自己沒資格當媽的時刻記錄下來。

H：我幾乎無時無刻都這樣覺得。有時我會氣到無法接受孩子的心，只會不停地念他，告訴他什麼地方要改。有時明知道我不應該如此，卻總把我的想法強加給孩子，尤其是這些時刻我感覺自己沒資格當媽，一起吃披薩，而我想吃最好看的那塊的時候，還有他說「媽說她不喜歡吃炸醬麵。」但是我並沒有不喜歡的時候。

L：像瘋子一樣大吼大叫地罵孩子，後來才知道孩子會這樣是有原因的時候；徹底教訓孩子後，為了正當化自己的憤怒，又說出了沒辦法解釋的辯解，然後又一次以嘮叨轟炸他的時候；因為我不餓所以就晚點煮飯給他吃的時候；叫他去寫作業而我卻看電視看得很高興的時候。這些時候我就會想：「我這樣還算媽媽嗎？」

J：我想多吃點泡麵，而不准孩子們再吃的時候？

S：我結婚結得很早，生完第一胎，老公下班後就把孩子託給老公，丟下他們出去玩的時候。雖然是老公體諒很年輕就當媽的我，但跟朋友們玩了很久回家路上我會想：「原來我還沒有當媽的資格啊……」

Q：我想過數百遍，時常想著：「不能當媽的人當了媽媽，這一輩子都完蛋了。」

E：我常叫外送的時候？還有早上睡醒後發現孩子們已經上學不在家的時候；情緒控制失敗後發洩到孩子們身上的時候；和丈夫吵架，對孩子發脾氣的時候；平常裝作很爽快地吞下因孩子而累積的壓力，然後報仇到其他地方上？例如禁止看電視或禁止玩遊戲。這時我就會感覺自己沒資格當媽，啊……有太多例子了吧？

這些話出自於非常努力做好母親本分的媽媽們口中，我們會希望這些好媽媽是我們的媽媽，她們用嚴格的標準對待自己，在睡不著的夜晚責怪自身的不足。

從以上故事中我們能得知，如果母親們遇到成為人母前的原始欲望，她們常會因為這些欲望而感到內疚。我們心中的「好媽媽獎」到底是什麼模樣呢？我們是不是認為，把披薩和炸雞看作石頭，用無限的體力陪孩子玩，具有非人的超越性存在才是我們的好媽媽呢？仔細想想，沒有食慾、不會疲勞、不會憤怒的是假人模型，而不是活著的人。

我也是如此。雖然記得我跟孩子約好要看漫畫，但太累的時候就會裝作忘了；或是有時我明知應該阻止過度沉迷遊戲的孩子，但獨自安靜看著的電視劇實在太美好了，所以身體無法動彈；還有一天三餐吃的是乾的麵食、油炸的麵食、水煮的麵食，用這種方式連續餵他三次麵食的時候；為了工作打包行李出門的時候；偶爾不知道要和孩子玩什麼的時候，這些時候我都覺得自己好像沒有資格當媽。

但這個世界上真的存在完美的媽媽嗎？很多母親在戀愛時最終都沒有找到自己的理想型，然後就和現在的老公結婚了吧。就如同我們看他人時，世界上絕對不存在真正的理想型，我們看媽媽時，世界上也絕對不可能有內在是理想型的媽媽。就如同世上沒有完美的人類一樣，世上也沒有完美的媽媽，就像每個人都有各自的特性一樣，媽媽也都是不一樣的。我有一位「時尚潮人」朋友，她的每根手指都有紋身，頭髮幾乎染成了黃色，雖然和兒童營養品或教材廣告中的母親形象不同，但她就也只是裝扮不一樣而已！對孩子而言她是一個好媽媽，在成為母親之前，她是一位真正知道自己喜好並會展現自己取向的人。

孩子們期望的並不多，人格不完美的母親們不小心做錯他們會原諒，會將這些失誤統合起來並成長，他們會無條件地因為媽媽是媽媽而愛媽媽。

回想一下，活到現在，是否曾接受過如此無條件的愛，孩子們只因為媽媽是媽媽這個理由就喜歡媽媽、想要媽媽、愛著媽媽，跑來媽媽的懷裡擁抱。孩子們寬宏大量，孩子給我的愛比我給孩子的愛還要大，而孩子所給予的愛是絕對純真的。

對於這些值得感恩的孩子，我們只要給他們兩種回報就可以了。

第一種是充滿關愛的眼神，這個任務比「做早餐」要簡單得多，即使很短暫，只要看著孩子時專注著對視，然後在眼中填滿愛就可以了，如果能微笑一下就更完美了。但你試一次就知道了，三到五秒的時間並不短，對陌生人或相親對象互相凝視三到五秒？這是不可能的事，因為對看絕對不是個簡單的行為。

對視是人與人間所能做得到的極為親密的關係互動方式，也是強而有力的溝通手段。眼睛有拒絕、隱藏、破壞的能力，相反的也能夠誘惑、連結、創造。在身體方面，眼睛與其他外部的器官不同，眼睛具有更多能誘惑對方的特性，而且這種誘惑是建立在本能上。從出生的那一刻開始幼兒就被母親的眼睛所吸引，母親為了讓孩子跟她對看而做出反應。透過對視這個媒介，經驗的特性和感覺得以傳達，所以對視才是內在心靈與人際關係發展的主要方式，也是親密感形成之處。因此，人類的眼睛在進化的數萬年歲月中，蘊含著龐大而深奧的原始意義。

瑪莉・艾瑞斯，《羞澀之眼》

要用怎樣的眼神看孩子的眼睛呢？帶著愛專注地和孩子對視並不如想像中容易，對不遵守約定每天玩遊戲的孩子、對辱罵弟弟的孩子、對太早熟知A片的孩子、對認為作業就是要拖的孩子、對覺得媽媽說的話都只是嘮叨而怒視著你的孩子、對一直只看手機的孩子，我們要每天微笑著用溫暖的眼神與這樣的孩子對看？這絕非易事。但是儘管如此，如果我們仍然帶著修道的精神，記住和孩子在一起的時間本質，每天對看一次並且傳達愛意的話，母親的眼神肯定會留給孩子強烈的愛，成為孩子的力量。我們居然能在客廳裡修道，這有多麼新穎啊！

如果覺得「唉呦，只靠對看就夠了嗎」，那就想想相反的情況吧。如果孩子對你下達的指令不發一語，只瞪著傲慢的眼睛抵抗的話，憤怒值會升得多快，你馬上就會蹦出「過來！給我過來！」這類的話。豈止如此？你也許正是因為那個男人注視你的眼神太強烈才確定愛情，一下子就把你的心交出來的，而現在你和那個男人結婚了。於是，眼神在人際關係中成為了強而有力的溝通方式，所以千萬不要吝於給予孩子溫暖的愛的眼神。

另外一種回報是，在成為為孩子做點什麼的母親之前，先接受孩子，然後再成為承載孩子的母親。很多媽媽都太習慣於功能性的事了，做飯、開車載人，還要教孩子語文，所以很勞累。由於在功能性的事情上花費太多精力，所以根本沒有能力乘載孩子本身，孩子只要稍微出乎預料，就會因此而生氣、控制與指責。但對孩子們來說，他們所需要的母親並不是能滿足很多需求的母親，也不是偶爾給人很多壓力母親，而是在關鍵時刻接受自己的母親。

從這個層面來看，英國精神分析學家威爾弗雷德．比昂說：「父母的作用是受體，是承裝的器皿，如果孩子們把自己的壞東西、要扔掉的東西丟給父母，父母應該扮演承接好的角色。」不管孩子們在嘗試錯誤後以怎樣的面貌存在於我們身邊，優秀的母親不是催促、教導、指責他們，而是先擁抱，成為能接住他們的母親，扮演受體的角色。僅憑「對視和接受」就足以成為一位好媽媽了。

我們光是一個人生活就已經很吃力了，很多母親還要加上母親這個任務，我要給她們鼓勵和安慰。我們都是第一次，以第一次來說，你算是很不錯的媽媽吧？

職業婦女母性之神不在？

「抱歉，我是位要上班的媽媽。」這是在韓國大家至少都聽過一次的廣告詞。這句話可以解釋成：「媽媽生你、養你，但很抱歉為了養活你，我得出去工作。」不覺得有點奇怪嗎？我從來沒聽過：「抱歉，我是個要上班的爸爸。」彷彿父親們工作才是對家庭的崇高犧牲，因而受到尊敬；爸爸要上班是理所當然的，媽媽要上班卻很抱歉，真是奇特的現象。女性的工作對某些人來說是件對不起的事情，女性成為一家之主而工作，其價值甚至也很難得到認可。而且最重要的是女性自己也無法擺脫「感到抱歉」的情感，也許是出於對孩子的愛與責任感。

我也經歷過這樣的事，離開孩子出去工作絕對不容易。新生兒時期因為是新生兒而需要媽媽，學走路時因為要走路而需要媽媽，生病時因為生病而需要媽媽，學齡期因為是學齡期而需要媽媽。然後全世界都在對你說：「孩子必須要有母親！」但如果以這種方式思考的話，那麼其實孩子生活中的每一刻都需要母親，而且這樣會產生只有母親才能滿足孩子需要的前提，而母親絕對不能離開孩子。無論女性擁有多麼出色的能力，只要這些訊息不消失，社會就會持續失去優秀的女性人才。孩子並不是只需要母親的，而照顧的主體也不一定非得是母親，但這種社會壓力卻持續存在，這是很不合理的。

社會以相當自然的方式對女性施加壓力。偶爾我會受邀參加早餐講座，我在很早的時間到達演講場地，就會聽到這樣的問題：「出門的話孩子怎麼辦？」雖然這是句出於擔心的話，但如果我是男講師，真的會聽到這樣的提問嗎？數量絕對少很多吧。甚至有人會說：「老師，孩子一定要生兩個以上。」我經常收到關於生育計劃的指導，這就是現今我們要面對的現實。

孩子不知不覺間已經上小學五年級了，已經能夠自己做很多事情了。持續工作至今，真的有過無數個矛盾的時刻，尤其是孩子生病時，我還對自己提出充滿指責的問題。然後有一天我想：「我到底是想賺多少、想享受什麼榮華富貴？為什麼努力到這個地步？」這樣的想法並不妥當，這是我應該要抵抗的想法，身為人類工作是理所當然的，無論是誰都在家裡或出門工作，工作是理所當然的，沒有理由因為是女人做就感到猶豫。如果猶豫是否要工作的理由是因為孩子的話，那麼孩子的責任應該由夫妻一起分擔，無法成為女性放棄做想做的工作的理由。

出門工作的女性並不特別，有問題的是女性工作機會相對較少的社會。婦女在社會上工作的樣子應該要很自然，就算只是為了讓我們的女兒在未來享有理所當然的勞動權利，今日的婦女也應該做自己的工作，要擴張自己的位置，這是為未來的女兒們鋪路的方法。因此從現在開始，停止向自己提出「想享受什麼榮華富貴，為什麼努力到這個地步」的傻問題，因為工作是理所當然的，在社會上工作是男人和女人都要做的。

當然，孩子剛出生的前六個月很重要，我也曾經覺得三歲前的依戀情感非常重要，但這期間我接觸了各種新的理論，想法有所改變。很多女性在外工作心理能夠更自由，關於這點，我想給予她們支持。

在良好的環境下，愛、挫折和令人憎惡的破壞與恢復會循環發生，透過這種循環，幼兒能夠維持與全體對象的關係，調節自己的治癒能力與破壞性，並發展補償的能力。

史帝芬．米契爾、瑪格麗特．布萊克，

孩子們是很驚人的存在，只要他們在我們所營造的安全環境，也就是說前提是我們創造了溫暖的房子、美味的食物、有趣的遊戲、能夠舒服地洗漱的環境，孩子們就會將母親整合，並自己成長生活下去。如果母親消失，他們就會感到悲傷和失落，但如果母親再次出現，他們就會感到幸福和愛意。透過這樣反覆的過程，孩子將消失的媽媽和出現的媽媽整合起來，將壞媽媽和好媽媽整合成一塊。只要有一個安全的環境和良好的養育者常駐，孩子就不會出錯，養育者可能是爸爸，也有可能是奶奶或專業保姆。

但為了提供這樣的環境，夫妻間的對話和協商非常重要。其實雙薪夫婦養育孩子就意味著一年三百六十五天要像玩俄羅斯方塊遊戲一樣度過，在出現空白之前要填補空白，填補空白的磚頭形狀有很多變化，需要持續具備快速的判斷力，一旦發生意外遊戲就結束了。

雙薪家庭經常發生緊急情況，孩子突然發燒保姆卻不能來的情況；明天要準備孩子野餐的便當送過去，晚上十二點才知道冰箱空空如也時；孩子運動會當天兩人都被安排出差時……事情不順、出現變數會是日常。

因此在雙薪家庭的情況下，夫妻必須團結一心，正視情況，逐一解決問題。夫妻倆每件事都要協商妥協，在談判桌上要逐漸放棄彼此的夢想和野心，憐憫彼此的劣質體力，齊心協力營造合理的養育環境，夫妻倆能透過妥協和協商來分擔責任。

- 這個週末如果你自己照顧孩子的話，我同意讓你買輛二手自行車。
- 這週的接送由我來，但那部電影我一定要自己去看。

互相給甜頭又彼此鞭策，然後繼續協商，這就是雙薪夫婦命運的預設值，夫妻倆只有長期都感到公平，才能減少對婚姻生活的不滿。但是很多夫婦經常犯以下的錯誤：

「唉，就我來做吧。」

「連講話都很累，乾脆我一個人累吧。」

若以這種方式生活，避開那些有點讓人疲憊的事，未來反而會面臨更累人的情況。

人類基本上都是自私的存在，如果一時犧牲太多，他的委屈一定會像迴旋鏢一樣轉回來，所以不要勉強自己，夫妻之間最糟的就是一直把事情推到其中一人身上。

另外，協商的結果一定要記錄下來，使用備忘的應用程式或可以共享訊息的應用程式，將協商結果記錄下來。因為彼此都很忙、很累，口頭協議的內容馬上就會忘記的概率很高，人類大腦無論怎麼努力，二十分鐘後都會記不住高達百分之四十的內容。因此留下的記錄越多，紛爭就越少。

- 星期三上幼兒園：爸爸
- 週四晚間牙科：媽媽
- 週末一定要買孩子的室內拖和腳踏車安全帽

這樣留下紀錄並共享的話，就絕對不可能出現這種話：「嗯？是我？我說過要去嗎？怎麼辦？我今天要聚餐耶……」

夫妻兩人應該成為家庭心理的核心

要謹記在心，夫妻要渡過難關，夫妻本身必須是核心。家庭結構的基礎是夫妻，只有夫妻成為家庭中心理層面的核心，家庭才能均衡運作。但由於很多現實問題影響，夫妻無法成為家庭心理上的核心，經常將中心位置讓給婆婆、岳母或家庭裡的其他權力者。夫妻處於家庭心理層面的核心，就代表家中發生的所有事情決定都按照夫妻的意願進行，責任也由夫妻分擔。要記住，如果以覺得抱歉或要看人臉色為由，把核心位置讓給岳母、岳父、婆婆或公公，最終可能會導致家庭關係錯綜複雜的悲劇。

例如，關於是否要讓五歲的孩子報名鋼琴補習班的問題，夫婦倆會考慮經濟狀況、孩子的喜好、孩子的時間運用、是否能確保有一定的遊戲時間等，然後再做出決定，這是很一般的情況，也是正確的。但如果因為孩子的養育主要由婆婆或岳母負責，而夫妻倆不能乾脆地主張自己的意願，那就會引起混亂。尤其當主要養育孩子的岳母或婆婆聲音非常大或經濟能力非常好時，夫妻倆更容易喪失家庭中心理層面的核心地位。但是我們必須記住，養育孩子和對孩子負終極的責任是兩個截然不同的領域，這部分不能混淆了。

如果夫妻倆無法保有主要養育者的地位，就會經常發生雖然是我們家但又不是我們家的情況：雖然是我們的孩子，我們卻要不停地看爺爺奶奶臉色。孩子的高腰保暖褲反映了奶奶一絲不苟的保溫精神，覺得孩子肚子吹不得一點風，雖然看在媽媽眼裡覺得不以為然，但最好還是迎合主要養育者的喜好，不過關於孩子要不要上鋼琴課或就寢時間的問題就是另一件事了。與生活習慣相關的事，首先要考慮到主要養育者，但關於孩子的價值觀或與家庭信念相關的問題，夫妻就應該要成為核心，必須介入、掌握主導權，而且這種態度也是不把多餘的負擔轉嫁給主要養育者的態度。

交流多發生紛爭或吵鬧的可能性也會增加，但如果夫妻倆保住心理層面的核心位置，那麼長遠來看，所有家人都可以找到自己的位置。因此，不要一個人叫苦，應該積極拉攏丈夫，使其成為解決家庭內部問題的主體。

母性能以多種形態表現，做飯是母性，但把在工作上經歷的社會生活和人際關係小故事或訣竅傳授給孩子也是母性。圍著圍裙的媽媽和穿著高跟鞋的媽媽各自都有東西能送給自己的孩子，雖然給予的形態也許不同，但歸根究柢都是母性。圍著圍裙的媽媽用剛做好的飯菜，讓孩子留下溫馨的飯桌回憶；穿高跟鞋的媽媽可以一起點外送吃，講述餐飲產業的故事，母性將以多元的形式傳給孩子。

如果你是在外工作的媽媽，希望你能抵抗住社會的壓力，我們不是為了享受榮華富貴而特別忙碌，而是因為要維持生計而激烈地競爭，這只是身為人類理應做的事情而已。所以希望你不要再懷抱愧疚之心了，因為你今天也把母性裝在高跟鞋裡，在擠滿人的地鐵上奔跑著。

存在於憤怒之下的真實情感

有天兒子說我從一週前就變得很敏感、很奇怪，有些是該發火的事、有些是只要勸戒一下就能解決的事，而我卻大發雷霆；因為罵得太過火，所以他很傷心、很累，就哭了。雖然他認為並非一直很和藹才是好媽媽，而是最近媽媽連小事都拿來罵，他才會說出這番話。然後他晚上自己一邊刷刷牙時一邊想：「我做錯了什麼事嗎？」但感覺自己犯的錯應該不至於這麼常被罵，所以挨罵的時候就難過地一直掉淚，也才告訴我這件事。

孩子年紀小，但從他口中說出的話刺中了我的要害，我感到很尷尬。啊……真的好對不起他。我就這樣被孩子上了一課，我為我的不成熟而道歉。孩子們到底知道多少世界的真相呢？有時他們好像已經經歷過一次人生一樣，他們只是不出聲音而已——關於媽媽的狀態，他們是了解最多真實情況的犯罪心理分析師。

那天聽了孩子的話以後，我回想起來的確是這樣。我確實有這樣的傾向，對於該勸他的事會生氣、累了也生氣、委屈也生氣、餓了也生氣。很辛苦就說辛苦、累了就說累、餓了就說餓；但是我並沒有這樣說，而是時常選擇以生氣、找麻煩、發脾氣的方式表示，這是值得我思考的地方。我認為很多媽媽在感到辛苦或疲憊的時候應該都曾經這樣，不說「辛苦」或「累」，而是直接生氣或發脾氣，以發脾氣與生氣取代真正該說的話與重點。

「我今天連午餐都沒吃，好像快要暈倒了，讓我先吃碗泡麵再說吧。」（○）

取而代之的是……

「什麼？通知書？我怎麼會知道那個放在哪？我是家裡的管家嗎？唉呦，氣死我了！餐桌上這又是什麼？我說過要你把吃過的碗放進水槽裡吧！」（×）

雖然這樣說，但這時實際想傳達的心意是：「啊……我肚子快餓死了，都沒人了解我的狀況。」

「老公，老么發燒，我已經三天沒睡了，而且還遇到生理期，實在太累了，讓我睡個三小時就好。」（○）

取而代之的是……

「不是啊，我剛吸完地也才不到兩個小時，這是怎樣了？你真的看不見這些灰塵嗎？老花眼嗎？唉……真的好煩啊。還有，你們要不要好好整理一下？不整理我會把玩具都扔掉！」（×）

雖然這樣說，實際想傳達的實際心情是：「我太累了，現在我也需要照顧和關心！」

為什麼媽媽不能用語言表達自己真正的狀態而直接發脾氣呢？讓我們來聊聊那個有名的「火病」吧。這個病症讓我感到最震驚的部分是，在巴黎或紐約長大的人不容易得到火病，火病是韓國固有的局部地域性的疾病。火病是憤怒症候群，就是因無法及時表達負面情緒而產生的心理疾病，主要發生在韓國女性身上，因此也有人以「火病民族」的污名來稱呼我們。

觀察一個人的心理或情緒狀態，就必須觀察圍繞於他周遭的環境與脈絡，因為個人的問題並不會單獨存在於個人所屬的文化、歷史與集團之外。因此，在生氣情感的表達上，如果母親不成熟、具攻擊性或有壓抑傾向時，想了解其原因就要觀察她的喜好、成長過程與人生重要事件，但不能排除成長過程中她所身處的背景，以及脈絡上的社會與文化的特殊性。

我們的民族有火病這個特殊性，同時身為此民族中女兒與母親角色的人就很難好好地表達負面情感。每個民族都繼承了精神方面的遺產，幾年前我在一位一九三〇年代的非洲畫家畫冊裡，看到一個故事。當時有名歐洲記者去採訪非洲部落，記者觀察發現，那個部族在一天的勞動結束後，晚上又聚在一起跳舞、唱歌消磨時間。在歐洲記者眼中，這種部落行為是非常損耗能量且不合理的行為，記者問部落的人：「你們整天做著非常累人的體力勞動，為什麼到晚上還不趕快睡覺，跳舞和唱歌把剩餘的力氣都耗光了吧？」（不愧是歐洲記者的提問）關於這個提問，部族中有個人這樣回答：「身體當然很累，但我們這樣聚在一起跳舞唱歌，能收穫明天生活的能量。」[12]

韓國的精神遺產與這個非洲部族的精神遺產完全相反。我們是一個不會表達的民族，受到需要保留顏面的兩班[13]文化的影響，我們都會收起自身情感過日子。展現負面情緒更是不容易被允許，我們會勸男人一生只能哭三次，甚至完全不允許女人哭，因為女人一哭就會家道中落。但是我們允許女性懷「恨」，創造出讓六月天也下

12 丁海光，《非洲美術 Tinga Tinga》，美術世界。

雪的驚奇能力。這種精神遺產世世代代傳到了我們身上，所以疏離、疲勞、憂鬱與悲傷等一般的負面情緒大概都會被壓抑，或者會在沒明確認知的情況下就直接以生氣或煩躁的方式表現出來，就像壓力鍋裡漏出來的蒸氣一樣。

我們的環境繼承了如此驚人的遺產，若有人能好好地表達並消化自己的憤怒與悲傷，這種人反而是非常少見的。所以我們都不要過於責怪自己，自己已無法說話，沒必要還在自己的心頭插上一刀。從現在開始，只要違背民族的精神，好好學習，寫下歷史的新篇章就可以了。

而且不利之處也不僅止於此，在表達負面情緒方面，世界上沒有一個族群比女性更不利。有天我在書店發現了一本書，決定要不要買下這本書只花了我不到五秒鐘的時間，我覺得書名定得太好就馬上買下它。

我們已經受過太多教育，無法表達憤怒。生氣的話會害怕被別人拒絕，會感到自己也有責任需要改變，為了忍住並壓抑住怒火，我們也許會這樣問自己：「我的憤怒是合理的嗎？」（中略）憤怒是我們感受到的重要情感，之所以會感受到憤怒都有其理由，因此值得我們不斷地關注與尊重。我們有資格感受「所有情感」，而憤怒也不能例外。

哈麗特・勒納，《什麼讓女人憤怒》

就像書中所說的，女性們不習慣於學習、承認和表達生氣的感情，所以如果偶爾出現湧上心頭的憤怒情緒，那麼憤怒就會成為不速之客。因此，憤怒這種情感就會變成很艱難的、不好的東西，只是痛苦和辛苦的東西，一旦自己生氣就會陷入比憤怒更強烈的罪惡感中，於是從未學過如何處事的憤怒會成為一把刀，刺向我們珍惜的人。

但我們的母親身為火病民族的女兒，她們沒學會承認、處理與表達憤怒的方法，所以無法教自己的女兒們。因此，從現在開始，我們只能透過自主學習來尋找答案。

一、接受「**憤怒是種自然的情感**」

雖然以非人（不文明）的方式發火是錯的，但生氣或憤怒這種情感本身絕對不是

13 兩班是古代朝鮮貴族階級。

錯誤。人們常稱讚說：「欸，你真的像天使一樣。」但人類變天使不是反而奇怪嗎？如果是人類，在生氣的情況下發火是極其正常的，憤怒或生氣是人類所感受到的各種情感之一，生氣就像感到喜悅或悲傷一樣，是種自然現象。

二、尋找憤怒背後的真實情感

感受隱藏在憤怒背後的悲傷、隱藏在煩躁之後的孤獨，感受這種真實情感。而且這些情感都屬於我，任誰都無法來責難，甚至連我自己也是。

三、暫時離開生氣的場所

丟東西、責難、咒罵、找冤枉的人麻煩、抓住話柄後槓上對方都是因為憤怒，然而憤怒在大腦停留的時間最長約為十二分鐘，也就是說，忍一時風平浪靜也就十二分鐘。所以在很生氣的時候暫時離開生氣的場所，只要待個十二分鐘就能體會到憤怒如何減弱到令人難以置信的地步。怒氣本身雖然不是錯誤的情緒，但因為生氣的情緒而做出破壞性的行為就另當別論了。太生氣時，就暫時離開那個位置或去走走，或者喝個水轉換想法，等待十二分鐘經過。

四、說話時區分情感與願望

直接說出我內心存在的、動搖的情感，接著再說出自己的願望吧。比如說「我太難過了，我只想獨處一小時。」或「我有種被冷落的感覺，誰來我旁邊坐著吧。」

五、關注孩子的情感

孩子們生氣或頂嘴時，不要說「你沒禮貌，你是怎樣」，不要先要求禮貌，先察覺並認可孩子感受到與表現出的情感吧。

還有，如果孩子罵弟弟「你找死嗎」、「去你的」，比起罵他「你怎麼能叫弟弟去死？你在外面都說髒話嗎？」不如就說「原來你氣到想說『你找死嗎』」、「原來你氣到要罵髒話了」，先這樣接受他吧。

六、教導平息怒火的方法

告訴孩子：「生氣是有原因的，你的情緒也是很重要的情感，但是應該把生氣的情緒與生氣的表現區分開來。」意思就是，雖然生氣的情感本身並不是錯的，但要告訴孩子生氣就丟東西、罵人或打人的行為是錯的。然後，告訴孩子第三點平息怒火的方法吧。

如果生氣時自己不知道是「對誰憤怒」、「為什麼而憤怒」，那麼我們就會對無辜對象亂發火、攻擊比自己弱小的人、傷害珍惜的人或孩子，變成會做出這種行為的母親。迷失方向的憤怒最終會持續讓我們內在的幸福與和平枯竭。

憤怒是必要的，對不公不義的憤怒使社會走往更美好的方向。當憤怒在我們的生活中找到自己的位置時，我們就會成為更自由的存在，而我們的孩子們便能更成熟處理自身的憤怒，成為心理層面上進化完成的人，與周遭的人建立更好的關係。

在必須憤怒時懂得憤怒的母親，與動不動就把氣發洩到孩子身上的母親是完全不同類型的人。正當的憤怒會讓不公不義消失，但是習慣性的洩憤會讓愛枯竭，請謹記，千萬別忘記這點。

愛之棍或情緒之棍

媽媽不是常動武的人，但每隔幾年發火一次我就會被打，大概有三次的體罰我到現在都還記得。一次是在路上頂嘴被搧耳光；一次是用擦車的拖把打，打到連下雨天都能揚起灰塵；還有一次我以驚人的爆發力抓住朝我飛來的鍋蓋（還以為是迴旋鏢呢）。難過的是這三次體罰都發生在我的青春期——媽媽居然會在本來就很容易敏感的時期動手——母女關係原本就已經夠複雜了，本應該改善的關係不可能變好，而媽媽與我之間的隔閡就越來越深。

我偶爾會沉思過去媽媽對我體罰的意義，結論是媽媽在無法控制自身情緒時打了我，與爸爸的關係或自己人生中充滿難以承受的情緒時，我的行動或話語成了爆發的觸發器，媽媽把自己受傷的自尊或對人生的嘆息裝在棍子上打我。也許正因為如此，在我身上留下的體罰記憶，與其說是管教，不如說是母親的哀傷、母親的怨恨、母親的壓力……我雖然很像模範生，卻善於冷嘲熱諷的頂嘴，我每次回嘴媽媽都會抓狂。每次我反抗她與她對抗時，媽媽應該都這樣想：

「好吃力啊……為什麼我要獨自撫養這麼敏感又累人的孩子……？」

「全都亂成一團，人生蠢到糾結在一起了。」

「好慘，以後該怎麼活下去……？」

「我的人生完蛋了。」

「都是因為那個男人（爸爸）。」

基本上當媽媽內心所藏著的辛勞話語浮出水面時，她們會難以忍受，她們可能覺得子女小看她們，認為自己身為有能力的母親卻沒有發揮作用，因此感到羞愧，並且會認為這一切情況都是從與爸爸的關係不好而開始的。媽媽的棍子原封不動的乘載了媽媽的心情，而我也以身體承受了母親的委屈、羞恥與後悔。

體罰真的有效嗎？

如果你有被媽媽打過的記憶，那就想想，記得為什麼挨打嗎？很多人都記得被打的場面，卻記不清被打的原因。

孩子小的時候只要媽媽生氣一定會挨打，不只有媽媽這樣，爸爸生氣時也會打小孩。艾拉家有三姊妹，但三姊妹一做錯事就要挨打、挨罵，父母常以體罰來管教三姊妹長大。在三姊妹中，艾拉是特別常挨打的孩子，長大成人後她這樣談論自己的體罰經驗。

我真的很常挨打，但幾乎想不起來因為什麼事件而挨打，只記得被打了而已……我會想：「啊，真是的，為什麼這樣打小孩呢？一定要那樣嗎？」即使如此，我在教養孩子時也會想到，原來媽媽應該是這種心情啊。當然，我不是說打小孩很好，但我覺得如果想獲得自由的話，我就要原諒媽媽，所以有天我這樣對媽媽說：「媽，我原諒你很常打我，我不想說我是被打大的。媽太過分了，不過我原諒你。」然後媽媽說：「我什麼時候打你了？」我心想：「這是什麼情況？是因為尷尬才否認嗎？」但真的有些事情根本就記不起來了，我在想這到底是什麼情形。挨打後痛苦、委屈、羞恥的記憶很清晰，但我卻不記得為什麼挨打，媽媽又騙我說沒打過我，有些事則是根本就不記得了……真是無言。那我為什麼要被打呢？我是洩憤用的沙包嗎？最後只留下挨打的醜陋回憶……

跟艾拉一樣，很多體罰都只留下不快的記憶，而不是反省與教訓。人類的大腦，特別是與負面情緒一起儲存的記憶會被保存很久，挨打的話，儲存的負面情緒與體罰的感覺直到死都不會被遺忘。這到底代表什麼呢？就是打小孩完全不等於孩子成功被管教。意思就是，本身為人的母親、感情用事的母親，在生氣的情況下要屏除情緒，只為了管教而體罰，這幾乎是不可能的事。所以我極力反對以管教為藉口的洩憤式體罰，我不相信孩子們透過挨打的經驗能夠真心反省或正直地成長，孩子們需要我們用更有耐心、更精巧、更有戰略智慧的方式對待。用打的也許能馬上壓制與管制住孩子，但能否達到教化功能、培養他成為優秀的人呢？這個嘛——不好說。

關於體罰的必要性或效果，每家、每對父母都意見分歧，也許有人會覺得「殺球」（突然用力拍背的動作）應該算是種裝熟吧，但無論站在哪一邊，在此要說一些關於體罰我們必須思考的事。

支持體罰的人主張，就算體罰是要打未成熟的孩子，但還是必須教導他們。這個行之有年的邏輯就是，如果目的是要矯正較弱的對象，暴力就能正當化。但許多經驗

> 研究指出，體罰並沒有教育效果，透過暴力的內化反而只會塑造扭曲的人性，對孩子們而言，與其說體罰是為了讓他們反省，但反而其實只會引起他們的恐懼。
>
> 「受傷、害怕、傷心、膽怯、孤獨、悲傷、憤怒、感覺被拋棄、被忽視、生氣、厭惡、可怕、丟臉、悲慘、受到衝擊。」
>
> 以上是孩子們對「體罰」的記憶，這是孩子們對挨打經驗的感受紀錄，是由英國救助兒童會在二〇〇一年所整理出的資料。孩子們用超過四十個形容詞形容對體罰的可怕感受，但沒有一位孩子說出對不起或反省的感受，這表示體罰不僅在教育上沒什麼效果，反而還在情緒上給孩子們帶來很大的傷害。因為父母的管教式體罰立意良善，所以體罰並不會侵犯到身體的完整性與人類尊嚴，這種主張其實只是以父母、成人為中心的解釋而已。
>
> 金熹暻，《異常的正常家庭》

如上述所說，體罰的效果絕對不是正面的，但如果這樣說的話，又有很多人會有別的說法，說：「用講的講不通，因為說不通所以才會用打的，挨揍才會清醒。」這點很重要，為什麼用講的完全沒有改善的效果呢？自己親口說出「孩子不是用嘴巴說就會聽話的」，這不才是真正的家門之恥嗎？究竟無法用語言表達，問題是出在孩子身上嗎？還是出在不會以語言一決勝負的大人身上？我認為問題的本質在於後者，從小就以打人的方式管制，越長大當然就越不像話。因此大人們應該學習如何更有耐心地用說的方式管教。

動手比起動口的情況更多、速度更快的原因之一是，很多父母會用說的方式勸導後體罰，他們把激起怒火的發火臨界點訂得太低了。臨界點在字典上的定義如下：

「物質結構與性質改變成不同狀態時的溫度與壓力。」[14]

也就是說，動口動到一半動手了，那麼這個時刻就可以被視為臨界點。

管教時設定的臨界點過低的意思是什麼呢？就是用說的方式來說服與教育孩子的時間抓得太短了，說個幾句，看孩子依舊氣勢凌人就打他耳光，有時還會為了掌控情勢，先打一打再聽他的辯解或說明。這種情況下的臨界點可能只有「一、兩句話」，或若要說得更準確的話，可能「完全沒有臨界點」。把臨界點訂得太低管教就會失敗，用嘴巴爭辯的時間要定得很長，長到像快把人搞瘋掉一樣。

人類的設計很精密，孩子們為何會頂嘴、叛逆，或是非要在考試期間去唱歌，做出父母無法容忍的荒唐行為，這都存在著很多樣且複雜的因果關係。重點是要解開那複雜的毛線球，而不是乾脆把線剪掉，迅速終止情況。

大家應該都有解過纏在一起的毛線球的經驗吧，要將纏成一塊的毛線球解開並不是件容易的事。我外婆很會織毛線，但她偶爾會把毛線球丟給我叫我解開，而收到纏成那樣的毛線團時會有點絕望，心想：「啊……我要看漫畫啊。」但深呼吸，花點時間冷靜下來決心要解開毛線團的話，我就能產生力量。

舒服地找個位子坐下，帶著自在的心情找出第一個纏住的地方，然後再找下一個，努力解開綁得緊緊的結，一個又一個解開，這樣下去普通的毛線就會全被解開了。雖然偶爾會有想用剪刀喀嚓一下全剪掉的衝動，但是那樣做的話整團毛線就都用不了了，所以要帶上最極限的耐心拆。解開毛線球時，擦著額頭上汗水的同時還要喝些冷水——管教的過程不就是如此嗎？情緒上的爆炸和暴力是絕對無法管教孩子的。

14 韓國網路Naver字典的解釋。

大約在孩子十歲那年，我抱著想了解這孩子為什麼會頂嘴頂成這樣，抱著想要追根究柢的心情決定跟他聊聊。那天我和孩子聊了兩個半小時左右，實際上我幾乎沒說話，只是聽著孩子的委屈心情和孩子為什麼這樣想的理由，聊天時我把大部分的時間花在了提問上。老實說，期間有三次想大聲喊他、兩次想跑出去，孩子在兩個半小時的時間裡，不斷談論著對母親的失望、指責、理解、原諒、願望等，感覺就像聽了五個小時的沈清歌[15]一樣吧。因為孩子的想法和情感並非整理好的狀態，所以給孩子充分的時間表達自己的想法和心意，才能讓他們學會表達與傳達內心想法的方法。孩子們正在成長，忍耐是大人的責任，在應付孩子的事情上，有精力與毅力的對話是管教孩子的基本。

還有一次，孩子說出了家中他比較害怕誰的順序，第三名是照顧孩子的保姆阿姨，第二名是媽媽，第一名是爸爸。最害怕爸爸的理由是爸爸會說「你過來，我們聊一聊」。保姆阿姨的話就像嘮叨一樣，左耳進、右耳出；媽媽會大聲喊：「欸！」只要挺過就沒事了；但是爸爸說聊聊吧之後就會被帶進房間——他的問題太多，情況要等到對話真正結束後才算結束——所以爸爸是最可怕的。

總之，管教的過程是不是和解開毛線團的過程差不多呢？

如果拿到纏在一起的毛線，首先要找好位置坐下來，如果只是隨便站著想快點解開的話，當然就不容易解開，乾著急而指尖卻沒有像心一樣動起來的話，人就會發火，只會生氣地說：「唉呦，直接剪掉吧。搞什麼？怎麼又纏在一起了。」如果冷靜坐著解開纏住的毛線球的行為，是訂好臨界點後冷靜管教的過程，那麼站著想急忙解開卻用剪刀剪斷來結束一切的行為就是一開始就把臨界點訂得太低，用體罰來削減孩子銳氣以終止狀況的行為。

對孩子動手前該做的事

孩子也是人，是設計很精密的小小人類。孩子們知道的比大人們想像的還多，他們會思考、感受並記住很多事，而且他們奇怪的行為都有其理由。如果一個五歲的孩子因為發生讓他心情不好的事或因為媽媽而感到傷心，擺著氣呼呼的表情過來說：「媽，和我一起喝杯茶聊聊吧。」如果五歲的孩子說要喝杯茶聊聊，那麼他要說

15 沈清歌是把《沈清傳》改成朝鮮傳統曲藝形式「盤索里」後唱出的歌曲。而《沈清傳》則是孝女沈清為了治好盲父眼睛的故事。

的話就很可怕。孩子們也希望能對話，對話是習慣也是練習。打人的父母會留下又愛又恨的情緒，那對話的父母會不會留下尊敬與愛呢？如果你是一位容易動手的媽媽，那麼最好可以思考以下幾件事。

體罰孩子要思考的幾件事

一、我施加在孩子身上的體罰是否妥當？
二、我小時候所遭受的體罰留給我什麼？
三、忍不住打孩子時，我的情緒狀態如何？
四、用暴怒的情緒打孩子算是真正的管教方法嗎？
五、我對孩子的臨界點是不是太低了？
六、我跟孩子的對話有多少？
七、我施加在孩子身上的體罰對我與孩子的關係有什麼影響？
八、孩子被打時會有什麼感受呢？

如果決定不再用打的，那就為上次的體罰道歉吧。孩子一直不明事理，蹦蹦跳跳地做出讓人哭笑不得的行為是理所當然的，因為孩子正在成長。孩子們的荒唐言行會讓我們「怒」，但這並非孩子們能挨打的理由。如果孩子們讓我們「怒」，那我們就先離開一下吧，一般情況下，憤怒在十二分鐘後就會平息。「怒」熊熊燃燒後變成灰燼，我們就會重新恢復正常，這樣才能和孩子談論「你所犯下的錯誤行為」，傳達情緒上的憤怒給孩子是一點好處都沒有的。父母和子女的關係也是人際關係，別用自己的方式把孩子想得很好對付，千萬不要把在公司受到的怒氣、與丈夫的衝突、經濟煩惱等所造成的壓力變成刀刃轉嫁到孩子身上，別忘了這些本來就是我們大人的責任。

有「性」的母親

我的孩子七歲時，在遊樂場聽到了社區的姊姊們談論月經。

「唉呦，我今天不能坐蹺蹺板，屁股流血了。」

「你今天月經來嗎？啊，真的喔？不能坐蹺蹺板耶。」

讓姊姊們沒辦法坐蹺蹺板的不明疾病到底是什麼？血——竟然會流血……好像很可怕。孩子聽到超級神奇、奇怪又詭異的故事後，回家問起剛剛自己聽到的事。

「爸爸，那個啊，聽說女生屁股會流血，那是什麼？是真的嗎？」

老公對孩子突襲式的提問感到很慌張。

「老婆，你過來一下。這個好像應該要讓你回答。唉呦，這個……」

他看著我，眼神動搖。

其實，如果說我沒感到慌張的話那就是騙人的，這個提問確實比我預想的更快發生。這個問題跟「小孩是怎麼出現的」、「小孩是怎麼生出來的」這種類型的問題感覺不一樣，其實問題在本質上沒有太大的不同，但那天我也有點驚慌。孩子成長時接收了很多資訊，但父母卻落後了。

我可愛的小寶寶（其實是早已脫離嬰兒時期的小男孩），他對性感興趣的時候來得這麼快，我很難接受這個事實。失落感也許是我的弱點，我知道把小男孩叫成小寶寶是不對的，但我還是一直這樣叫。而此時此刻，我的小寶寶居然已經在問女生屁股流血的現象了……

在「媽媽你說波露露[16]有幾個朋友」和「媽媽你知道香腸猴[17]是香腸嗎」這樣的提問後，突然進化到「女生流的血」這問題，進化的幅度實在很大。我有點難過。也許是種失落感吧？我的孩子已經越過小男孩的階段了，漸漸成為一個對性別感興趣的存在。想到他已經過了餵食、穿衣、哄睡、洗澡的階段，又進入下一個階段，我感到很陌生，覺得有點討厭，還感到很輕微的憂鬱情緒，「他現在已經不是小寶寶了……」

16 韓國的卡通人物《淘氣小企鵝》pororo。
17 韓國3D動畫卡通人物，香腸猴原名Cocomong。

但現實總是冷酷無情，不合時宜的誇張情緒難免會誤事，孩子的人生出現了非常重要的提問，而身為母親的我必須好好應對，我必須接受事實，只能回答孩子好奇的問題並教育他。

「好吧，我的孩子，我們來談談女生屁股流的血吧！」

關於「女性的生理期」，那天我和孩子交談了很久，對話之所以變長是因為孩子不停地提問，他的提問如下：

「是流了一次血就結束嗎？還是一直流？」

「會流幾天血？」

「所有的女生都會流血嗎？」

「那我認識的女生都會流血嗎？」

「我的老師、阿姨、嬸婆都會嗎？」

「會到死掉為止嗎？」

「一次流多少血？」

「流血會痛，那生理期也會痛嗎？」

「那是用什麼擦血的？」

「會穿尿布嗎？」

「會一直穿著尿布，還是像嬰兒一樣換尿布？」

「但是為什麼會流血？」

「我們班上的女生也會嗎？」

哇，問題啊，問題……竟然能這麼好奇、這麼仔細地問！孩子的提問到了仔細至極的地步，而且非常認真，就像問「為什麼會有雲」時的感覺一樣，他正在學習和吸收這世界上所存在的某種真相。孩子的提問非常自然，就像學習一加一一樣，這都是為了詢問並了解女生的生理期問題。

這件事之後我覺得孩子需要非常現實且具體的性教育，和老公商量後，我委託了專門機構讓他定期學習。性的學習是很實際的，受過性教育後，就算電視劇中出現接吻畫面，也不會有人突然起身說要去廁所，而我在經期期間還得到了兒子無微不至的照顧。而且受過性教育後，關於性方面的事，孩子會很自然地談論他的所學，並反覆詢問。有一次他講了超越我想像的話。

「媽媽，我今天學到精子是要送給心愛的女生的東西。然後我想了一下，我最愛的女生是媽媽，所以我想把我的精子送給媽媽。」

（繼屁股流血後的第二次衝擊，讓人直冒冷汗啊）「啊……原來如此。嗯，那個……雖然我很感謝你，但我好像無法接受，因為……」

「媽媽，我沒辦法想像耶，就算再怎麼喜歡對方，要互相脫下內褲躺著還是有點那個……我有辦法做到嗎？我沒有信心耶……」

「別擔心，以後長大後就會很自然地有能力，所以你不用太早擔心這件事。」

「媽媽，我為什麼沒有弟弟妹妹？你應該跟爸爸做一下愛了。」

「嗯，這是我的事，我自己看著辦吧。」

孩子的提問如此新穎，很多孩子應該都和我的孩子一樣懷著好奇心，但是，如何合時宜地刺激、引導與滿足才是關鍵。不過，偶爾也有父母會對孩子們的性教育這樣表示：

「孩子還很純真，有必要故意提前告訴孩子，讓他們開竅、產生好奇心嗎？如果走偏了怎麼辦？」

如果只因為教了些什麼就讓他產生好奇心而走偏了，甚至沒辦法打起精神的話，那我們不都應該要得諾貝爾物理學獎了嗎？學數學的人都會當數學家，讀書的人都會當小說家嗎？也許這種想法本身就代表身為大人的我們，已經對性懷有扭曲的觀點與偏見了。性只是知識而已，就像教導孩子在這世上生活穿衣要符合季節，要好好洗手才能洗掉冠狀病毒一樣，性也是如實告知就好的生活知識。大人們自然認真地教導孩子，孩子們就會自然認真地學習。

另外，偶爾還會遇到這樣的父母。

「所以我才還不買手機給他，他還都不懂那些東西……」

真是天真的父母啊……孩子們都不懂嗎？我們的孩子真的只在我們的預測範圍內嗎？孩子們也有社會生活，由學校朋友、補習班認識的哥哥、社區裡的姊姊等組成的屬於他們自己的社會，在這之中某人會接觸到關於性的扭曲資訊，而且他會和他的朋友、補習班認識的弟弟、社區裡的姊姊共享自己所知道的驚人的世界，在他們自己的空間、自己的時間裡，孩子們共享並吸收資訊，形成對性的價值觀。

而且孩子們會本能地感知到，把今天看到、聽到的事告訴父母是對自己不利的，告訴父母自己的人生會很累。於是應該要共享的事件成為了秘密，父母們一無所知地說著天下太平的話，說「我們的孩子還都不懂」，不是孩子們不懂，而是「父母不懂」。我不是要大家懷疑孩子，我的意思是，我們不能發現了一個在孩子現實中很可能發生的狀況就感到失魂落魄，因而失手錯過黃金時期，「N號房事件[18]」不就是如此嗎？對「性」這件事一旦形成了扭曲的價值觀，就會產生如此可怕的後果。

分享一個不適合給孩子觀看的影片需要花多久的時間？兩天一夜？二十四小時？不，只要五分鐘就夠了。在遊樂場的角落、補習班的樓梯間、便利商店旁的巷子裡只需要五分鐘，五分鐘就能改變孩子的世界。我們就接受孩子們成長為有性的存在吧，然後成為有性的母親，在性方面讓孩子擁有美麗又健康的世界觀吧。孩子逐漸長成了有性的存在，當他每次提問時都要祝福並鼓勵孩子，孩子們在外接觸有關性的扭曲資訊前，父母們應該先發制人，不論是什麼事搶佔先機都是很重要的。

對性不扭捏且自然的母親

初經來時媽媽買了禮物給我，是個小盒子，裡面的生理褲包裝得很漂亮，媽媽送我禮物時跟我說，現在真的要更加珍惜自己的身體了，然後詳細說明了使用衛生棉的方法。

那一刻是我對媽媽為數不多的美好回憶之一，至少在那天我覺得自己成為有性的存在是得到了支持、鼓勵與祝賀的。多虧有了這樣的第一步，性對我來說不是羞恥或害羞的對象，而是美麗且崇高的，只是件人性化的事。在學習要愛惜自己的同時，我也了解到要愛惜他人的身體。

某化妝品品牌曾推出過名為「Orgasm（高潮）」、「Sex Appeal（性魅力）」的產品，相當受歡迎，我朋友為了去試那個化妝品和母親一起去化妝品的賣場，當我的朋友說出：「給我看看『高潮』和『性魅力』吧！」朋友的母親嚇了一跳，非常驚慌地說：「欸，這是什麼意思啊？這是化妝品的名字嗎？小聲點吧。」那時我們都笑著說媽媽太可愛了。就像這樣，對媽媽那一代的人來說，性相關的話題與表現是完全不自然的、不好的，任誰聽到都要屏住呼吸，是個令人尷尬的對象。我們母親的世代是女性自由與女性主體性尚未擺脫束縛的時期，要媽媽們在百貨公司的賣場說出「高潮」和「性魅力」一詞，就如同把國家機密交給敵軍一樣難。

18 二〇一八至二〇二〇年發生在韓國的性剝削案件，作案人在加密即時通訊軟體上建立多個聊天室，將對女性進行性威脅得來的資料、相片、影片等發布在聊天室中，其中有幾位嫌犯的年紀都很小。

但是現在很多事都變了，希望新一代的媽媽們能趕上新潮流。希望母親能不扭捏又自然地對孩子講性相關的話題，對此不要感到猶豫，把更美麗、有自主性的性觀念當作遺產留給女兒們。很多父母都希望在孩子的前途與學業上成為一位嚮導，但在性方面對很多父母來說似乎是例外。然而，我們必須在性方面成為對孩子有影響力的母親，在性方面你所講述的故事，將打造出孩子未來要過上一輩子的有性的世界。

絕不成為像媽媽一樣的母親

「唉呦，你以後生個和你一樣的女兒就知道。」

媽媽們因女兒而傷心時一定會說這樣的話。那麼女兒們就會接著想：

「真搞笑，真是的……我才不會成為像媽媽一樣的母親。」

母女關係也是種人際關係，會不斷出現很複雜又生動的心理。夫妻是會分道揚鑣的關係，而母女關係比夫妻關係更長、更頑強，媽媽希望能成為女兒的好媽媽，也希望得到女兒的認可與愛，女兒也希望得到母親的愛，希望得到照顧。然而就像所有的愛情一樣，愛情會產生分歧，也會有誤會，造成傷害。想得到對方的愛卻無法得到與期待相應的愛時，愛情就會變得又愛又恨，關係變得更加複雜與艱難。這種「愛的迫降」不只發生在男女關係上，母女關係中也會發生愛的迫降。

我想說說瑞妍和媽媽一起經歷過的「愛的迫降」故事。瑞妍是三個孩子的媽媽，也是一位非常溫柔、溫暖且體力好的媽媽，能夠溫柔的條件是體力，天生情感細膩加上好體力，所以她是個把三個孩子照顧得無微不至的「超人媽媽」。在孩子們上國中前，她甚至幾乎沒叫過幾次外送或出門外食，幾乎只讓孩子吃家常飯，是一位精力旺盛的母親。另外，瑞妍還很喜歡與文化相關的活動，一有空就會去博物館、植物園或看電影等，喜歡享受小確幸，見多識廣的她說這是蓮花的話這就會是蓮花，說那是蘆葦的話那就會是蘆葦，說那是紅豆粥的話那就一定是紅豆粥……關於日常瑣事她大概都知道答案。

但只有一件事不容易，那就是她很難丟下孩子出門過夜，即使是和朋友們一起去旅行或度假，她都很難輕易離開孩子。要是能不管多累都拖著三個孩子走的話她早就做了，一個人出來享受一天二十四小時的時間對她來說非常辛苦，嚴重的內疚感總是在扯她的後腿。

既不是出來賭博，也不是在夜店搭訕人，只是和朋友們一起吃炸雞喝啤酒整夜聊天而已，她卻因為跟孩子們分開而感到極度困難與抱歉，她被一種比一般分離焦慮還要嚴重的內疚困住。瑞妍意識到自己的這種情感並非普通的情況，她心想：「孩子們長大後馬上就會離家，那麼那時我會沒事嗎？我為什麼無法和孩子分開呢？孩子們馬上就要離開母親的懷抱了，那我還剩下什麼呢？我能忍受那種孤獨嗎？」

到了中年，瑞妍想傾聽自己內心的聲音，雖然生活過得很好，孩子們也養得很好，但每當她想到要與孩子們分開，她總會莫名地感到自己胸口掛著一顆沉重的秤砣，她很好奇那顆秤砣為何會如此沉重地壓垮自己的心。到了中年，秤砣又變更重了，瑞妍一邊諮商、一邊聚會、一邊讀書，一邊開始探索自己是個怎樣的人。

瑞妍是三姊妹中的老二，每個家庭都一樣，二女兒們的生活並不輕鬆，為了爭取生活中的每件小事，她得經歷大大小小的內部鬥爭。老二們原本是老么，但某天突然就變成了姊姊，從最受父母喜愛的第一順位變成「墊底」的。如果她不打起精神、不爭的話，就很難擁有一雙新運動鞋，但如果過分表現出爭取的態度，就會變成對姊姊和妹妹「擺出囂張模樣」的討厭鬼。因此，她有自己的苦衷，為了在家中取得安全的地位，她得善於裝出一副內心和平的樣子。

但是瑞妍與一般的老二相比，卻又過著更加艱難的老二生活。瑞妍在五歲左右因家境困難被託付在鄉下的奶奶家，瑞妍說她不記得那段時間有多長了，但是她被託給奶奶時，剛會坐學步車的妹妹看到她回家後已經會亂說：「你不是我姊姊！」由此推測，自己好像和家人分開了一年又六個月以上的時間。家境變好後，雖然沒有再與家人分開，但是瑞妍一輩子都忘不了當時被拋棄的感覺，因為她知道被拋棄的感覺如何，所以非常害怕那種感覺。也許瑞妍和孩子們分開時所感受到的混亂情感，就是因為她擔心孩子們會感受到自己兒時經歷過的挫折。

再加上瑞妍國中時得知了自己出生的故事。在她之前，家裡還有一個流產掉的哥哥，她覺得對於非常渴望兒子的父母來說，自己是女兒，而不是「兒子」——瑞妍形容自己在聽到這個故事時「自身的存在動搖了」，而且「小時候為什麼就我一個人被留下來呢？媽媽為什麼不把姊姊或妹妹留在奶奶家，而是我自己一個被留下呢？」她一直懷著這種疑問，當她得知自己上面還有個死去的哥哥時，她覺得就是因為自己是女兒，所以才被獨自留在鄉下的。不論這個想法是真是假，對瑞妍來說都成了真正的答案。瑞妍形容當時自己的人生就像「代打人生」一樣，對於她的出生，父母原本就不期待、完全不開心，因此因需要而獨留在鄉下的自己，人生就像代打的一樣。

瑞妍從那以後總覺得自己是代替哥哥出生的，因此她對自己毫無用處的存在總是感到痛苦，加上高中時父親非常想把瑞妍送進國軍看護士官學校，這時瑞妍也感嘆道：「這真是代替他兒子過的人生啊！爸爸沒能生一個兒子，所以想讓我代替他去服兵役，把我送進國軍看護士官學校代為滿足。」然而，後來國軍看護士官學校的真相揭曉，絕對不是為了代替兒子，而是因為父親服役時對護士軍官的幻想，因為忘不了護士軍官散發出帥氣光芒的形象，所以才希望女兒中至少有一個人能當上帥氣的護士軍官（爸爸，如果是這種理由的話，應該早點說吧，怎麼這樣啊……）。

瑞妍談到這些事時，她說自己喜歡編織、針線活和二手物交易網站的原因應該在於此。因為沒用處而差點被丟棄的衣服，只要做點針線活它就不會被丟掉了，會重新找到它的用途，而毛線針織也能做成漂亮的衣服，而且針織衣也是瑞妍小時候唯一能感受到母愛的方法。

瑞妍的母親很會織毛衣，瑞妍小時候穿著媽媽織的衣服出門，大家都會稱讚說：「媽媽織了這麼漂亮的東西給你啊。」一瞬間瑞妍感覺自己是得到母愛的孩子，而不是被拋棄的孩子。瑞妍說自己在二手物交易網站上交易後會覺得非常開心，心想：「這些東西不會被丟掉了，它們又有使用價值了。」如果自己的東西在二手物網站上賣出的話，瑞妍就會覺得自己好像賦予這些東西新生命一樣。

瑞妍慢慢地講述著自己的人生故事，知道自己和孩子分開時感受到的過度內疚源於小時候的情感後，她逐漸找回了自由。對於要跟孩子分開的事，她也不再陷入誇張的情緒中了。

瑞妍想得到母愛卻被獨自留下，她不想讓孩子感受到自己被獨自留下的感覺，所以就算只是暫時離開孩子她也戰戰兢兢，竭盡全力地守在孩子們身邊，而且她透過編織、針線活、二手物網站安慰自己。對自己的人生有一定程度的解釋後，她這樣說道：

「我曾經覺得『我的故事是秘密，太丟臉，不能隨便說出口。』但是我已經知道事情不是這樣的了，一說出口，我就覺得這並不是無法言喻的可恥之事。而且，大家聽了我的故事會對我說：『你應該很累吧，即使遇到這樣的事你還是長大了耶。』這時我就會覺得有所安慰。」

擺脫掉不願活得像媽媽一樣的目標

傷痛應該就是這樣消化掉的，當特別的故事被吸收成了人們普遍的人生故事時，我們向某人講述自己痛苦的故事，他就會安慰你說這不是你的錯。痛苦的故事不斷流傳，故事透過人們的耳朵與心靈進去又出來，經過共鳴與安慰成為了我們的人生故事。就這樣，我們逐漸成為能消化傷痛且不放棄愛他人的美麗成年人。

像瑞妍一樣，我為了要活得不像我媽，很多時候都是咬著牙過的，因為我不想輸給「女兒會繼承母親的命運」這句話，所以我連玩都不敢玩，過去的我以這般心情守護著自我。不過到了現在這個年紀，我覺得自己稍微放手也是對的，因為活得不像媽媽並不重要，重要的是我要過得幸福。目標不是不願活得像媽媽一樣，而是要活得像我自己。

「自我憐憫」是相當重要的情感，自我憐憫通常是負面的意思，但這部分對追求完美的人來說非常重要。不願活得像媽媽一樣的女兒們就像逆流而上的鮭魚，她們竭盡全力向著反方向划槳，在自己制定的標準內力求完美，不知道划槳前進的方向是否真是自己想要的方向，但首要的目標就是遠離母親。不過，即使完美地划槳也會經歷疲憊無力的一刻，在筋疲力盡的前一刻我們就需要自我憐憫，因此，不願活得像媽媽一樣的女兒們需要自我憐憫。

「原來我是不想把媽媽帶給我的傷害留給我的孩子們，所以我才如此努力地划槳啊。啊……我好可憐喔。這樣看來，小時候的我真的受了很多苦，很累了吧？我盡力了。不過，現在好像不用這麼辛苦地划槳了，抬頭看看吧，看看我到了哪裡，這是我想要的方向嗎？找找我想走的方向吧，希望我能把指南針對準讓我真正幸福的地方。」

也許有些部分你不想變得像媽媽一樣，覺得自己就是不想成為那樣的媽媽。

- 凡事都要控制，讓人感到窒息的媽媽
- 一輩子可悲地討好爸爸的媽媽
- 總是沒自信的媽媽
- 因為太厲害又太忙碌而沒有陪伴我的媽媽
- 只愛兒子的媽媽
- 男女關係複雜的媽媽
- 經常比較且差別對待的母親
- 無論做什麼都軟弱無力且消極的媽媽
- 太愛玩而把我拋在腦後的媽媽
- 太愛喝酒的媽媽
- 不受爸爸疼愛的媽媽

如果你的媽媽是這種類型的媽媽，你可能會一直掙扎地划著槳，走向母親的相反方向。當然，這種老實的個性會守護你，因為你擁有不同於媽媽的力量，所以會過上不同於媽媽的人生。但，如果你對前進的目標感到盲目，如果你不知道想去的方向是哪，如果不想活得像媽媽一樣的心過於強烈，因而沒有認真想過自己想成為怎樣的母親的話，那就好好搞清楚吧，究竟成為「不像我媽那樣的母親」是能夠讓自己真正感到幸福的境界嗎？因為比起活得不像媽媽，更重要的是活得像我自己、活得幸福。

附註：聽說瑞妍有次鼓起勇氣問孩子們：「外婆曾經在媽媽小時候把媽媽丟著就離開了，所以我很擔心如果我丟下你們，你們會覺得自己被拋棄了。如果媽媽去了別的地方，你們心情會怎樣呢？」孩子們瞪大了眼睛，覺得很無言，反問道：「你怎麼會認為我們有那種奇怪的心情啊？我們只會覺得媽應該是去哪兒睡一晚了；希望你可以睡飽，就這樣而已。然後，我們就會點炸雞來吃。」瑞妍說聽到這句話後感覺好像被治癒了，要是自己早點問就好了。她實在划槳划得太辛苦了。

無意間發生的母女煤氣燈效應

如果在孩子的日記本或社群平台上看到「我被媽媽用煤氣燈操縱法操控」的文章，你的心情會怎樣呢？這是什麼意思？太荒謬了！欸，我是怎麼把你養大的！簡直讓人氣到發抖！這不是我女兒的日記本，這是夢。有點不對勁，我女兒是哪裡不舒服嗎？

「媽媽的煤氣燈效應」可能是普通人難以接受的表達方式，但令人遺憾的是，母親對女兒的煤氣燈效應完全是可能發生的事。在過於相愛的母親與女兒之間煤氣燈效應常在不知不覺中發生。

「因為愛你才……」

煤氣燈效應通常是在約會暴力的主題中經常出現的詞，這是一種情緒虐待的行為，是用非常巧妙地方式控制對方，將對方掌控於手中擺布，扼殺對方的尊嚴。煤氣燈效應在字典上的定義如下：

巧妙地操縱他人的心理或狀況，讓對方自我懷疑，藉此強化自己支配對方的能力。此用語源於一九三八年一齣名為《煤氣燈（Gas Light）》的舞台劇。[19]

約會暴力在社會上已不再只是男女兩人之間的事，約會暴力已經開始被視為暴力問題了，同時我們對煤氣燈效應危險性的認識與警戒心也提高，這是非常好的現象，因為人類沒有理由以愛之名受到暴力與操縱。以愛之名的施暴行為今後在大家敏感的反應與犀利的目光下，將徹底失去立足之地。

隨著大家對煤氣燈效應的關注度提高，還出現了煤氣燈效應的自我診斷法。為了了解煤氣燈效應是什麼，以下列出診斷表上的提問：

煤氣燈效應自我診斷表

一、我是否也被煤氣燈操縱法操控了？

- 事情總是莫名地按照他的方式進行。

---

19 出處：Naver時事常識詞典。

• 聽過他對你說「你太敏感了」、「你就是因為這樣才被人看不起」、「就算被罵也要忍啊」、「我沒說過那種話，是你自己想像的吧」等話語。
• 你經常對身邊的人辯解他的行為。
• 跟他見面前你會先檢查自己有沒有做錯什麼事。
• 害怕他的要脅所以說謊。
• 跟認識他之前的自己比較，現在的自己失去了自信，無法享受生活。

二、我無意中說的這句話可能就是煤氣燈操縱法：

• 「這都是你的錯。」
• 「如果沒有我你能承受得了嗎？」
• 「就是這樣所以你才會被看不起，你不知道你為什麼被人看不起嗎？」
• 「你愛我卻連這種程度都做不到（忍不了）？」
• 「我不是說過我討厭那種打扮嗎？不要穿那樣。」
• 「我是因為愛你（珍惜你）才這樣說的。」[20]

這些都是煤氣燈效應加害者與受害者間經常出現的對話，如果你經常和某人說這樣的話，也許你就是煤氣燈效應的加害者或受害者。但，冷靜的讀一下就會發現「二、我無意中說的這句話可能就是煤氣燈操縱法」其中列出的表達方式不僅限於男女之間，母女之間也經常出現這些對話。

《懂了有用的犯罪雜學詞典》是個犯罪心理節目，探討我們身邊所發生的事故，在煤氣燈效應的那一集裡，育兒之神兼兒童青少年精神科專家吳恩永博士指出，雖然父母不是有意的，但他們卻不自覺地用煤氣燈操縱法操控兒女。聽聽那些明明很愛子女卻無意中犯錯的故事，我們也可以回顧自己對孩子說的話並反省一下。吳恩永博士指出的重點很明確，要清楚表明說話的主體是父母還是孩子，還有必須做某件事的理由為何、是為了誰，換句話說，重要的是行為的主體。

舉孩子吃蔬菜的事情來說吧，我們家也是每頓飯都會發生餵菜之戰，無論如何都要餵孩子吃菜，於是我會把胡蘿蔔盡可能切到最細，洋蔥會放四種醬油炒，就算讓孩子迷上醬油的味道也要讓他吃上一口，盡心盡力。但一切的努力都是徒勞的，蒸蛋上我連點蔥都不敢放，我陷入深深的苦惱，為什麼孩子會如此敏感，這麼討厭蔬

20 出處：韓國約會暴力研究所。

菜呢？越是煩惱孩子偏食的問題，我的白髮就無可奈何地增加，當我在電視上看到有小孩大口大口地啃著青椒吃，好像在吃著多汁的蘋果一樣，我內心真的非常羨慕。

每當我的內心跟只愛吃肉和飯的孩子相衝突時，我會經常說出這樣的話：

「你知道媽媽把這些蔬菜剁碎有多辛苦嗎？現在都要貼藥膏了。不逼你吃菜媽媽也樂得輕鬆，媽媽做得很辛苦，所以你就吃一點吧，怎麼能只吃合自己胃口的東西呢？」（×）

這句話的主體不是孩子而是我，這是典型的錯誤說法，這句話應該算是飽含我切碎蔬菜的辛勞還有育兒勞動之恨吧。所以，如果把這句話轉換成以孩子為主體的正確說法，就會像下面這樣：

「嗯……，你今天也不想吃菜啊，小朋友要喜歡吃蔬菜不容易。不過，蔬菜會讓你的身體變健康、變舒適，對成長是非常重要的。雖然你不想吃，但為了你自己著想，吃一口試試吧。」（〇）

幫助孩子動筷子的動機，並不是因為努力煮青菜的媽媽，而是為了孩子自身的健康，這樣的說法是更正確的。如果忽視前者與後者說話方式所存在的差異，只以母親的情緒和目標為中心與孩子對話的話，即使我們深愛孩子，結果也會不知不覺地造成煤氣燈效應。

母親雖然深愛子女，但她自己並非完美的存在，而且關於養育子女她學得並不完全，可能會無意間犯下煤氣燈操控的失誤。持續暴露在煤氣燈效應下的子女們會自尊心低落，成為不安感高的成年人，長大成人後也很難成為情緒上獨立的人，而令人難過的是她的戀愛關係也很難健康、獨立地進展。因此，如果愛我們的女兒們，就應該避免無意中說出那些話。

「你看，我就知道你會這樣慌慌張張地出門，媽就叫你不要晚睡了！」（×）

「睡過頭了啊？也許你覺得晚上早點睡的話很可惜，我在你這個年紀也這樣過。但是太晚睡的話一大早跟整個白天都會很累，為了生活健康，好好思考一下自己的睡眠時間吧。」（○）

「你太挑剔了，如果是其他媽媽應該會受不了你吧？」（×）

「你的確有點挑剔，但那是你的個性，不是你的錯。挑剔的人也有很多優點，但是學會怎麼配合身邊的人也很好。這當然不容易，媽媽到現在也很難配合身邊的人。」（◯）

「因為你那樣做，所以才連弟弟妹妹都看不起你啊，誰喜歡那種行為？」（×）

「你會那樣做應該都是有原因的吧，但如果過分的行為讓別人感到不舒服，最後就會對你的人際關係不好。你看弟弟妹妹們，他們是不是覺得你的行為讓他們很累？關係如何到頭來都是你自己造成的。」（◯）

「你知道媽因為你有多辛苦嗎？」（×）

「雖然媽很辛苦，但這並不是你的錯，因為大人們都要承擔自己的責任，這是媽媽的人生。」（◯）

「我不是叫你不要穿那件衣服嗎？」（×）

「原來你喜歡那件衣服啊？嗯，自己想穿的衣服當然要自己選阿，但是孩子啊，

我們出去的時候你可以離媽媽遠一點嗎？」（○）

「就算難過也沒輸，這都是為了你好。」（×）

「我知道你可能很難接受我說的話，但是就算聽起來有點不舒服，我還是希望你能聽進去然後好好判斷。」（○）

「你懂什麼，就直接照媽說的做吧。」（×）

「你的判斷是那樣嗎？但我的判斷是這樣，最終的判斷交給你。」（○）

「反正你總是這樣。」（×）

「你一再重複犯錯，為了你自己好，最好改掉壞習慣。」（○）

身為母親的你心裡一定是很愛女兒、希望女兒好，但你常用的說話方式是哪一種呢？你的心意是包裝在哪種表現中傳達出去的呢？如果女兒們對每件事都畏畏縮縮，聽到第一種的說話方式會怎樣呢？也許女兒們會越來越畏縮，情緒也會越來越低落，即使出了門也很難抬頭挺胸地行動，或是就算以後受到男朋友的不當對待，她也會得出錯誤的答案，說：「這都是因為我的錯才這樣……」

女兒是親密的存在，所以媽媽常對女兒犯下更多錯，因為很多女兒都是聽媽媽講著上述的話長大的，所以女兒對這種說法所帶來的負面影響可能會很遲鈍。因此，當上母親的我們也會因愛護女兒而常常說出這樣的話，但這種對話會損害女兒的主體性和獨立性。媽媽須要對女兒傳達觀點正確的訊息，一切都不是為了媽媽而是為了女兒自己，因此說話方式必須包含「你是你人生的主人，而責任也屬於你」的觀點。在母親過世後，這些話能守護好女兒，帶給女兒在世界上闖蕩的力量。

我的小孩覺得剪指甲很麻煩，有天我幫他剪指甲，他把手伸出來，嘟著嘴巴這樣說：

「媽，我是怕有人會報導『原來溝通學講師金志允不照顧小孩、不幫他剪指甲』，所以才請你幫我剪指甲的。」（唉呦，真是感謝你啊！你今天也在為我著想，真是做了件大事啊！）

孩子的玩笑太可愛所以我笑了一下，但又清楚地說了一次：「你的指甲是為了你自己剪的，蔬菜也是為了你自己而吃的。」假如我沒有糾正孩子，說出了以下的話，那孩子會有什麼想法呢？

「唉呦，你那麼愛媽媽喔？唉呦，我的寶貝，原來指甲也是因為你愛媽媽才請我幫你剪喔？真是孝子啊，孝子！」

小心！煤氣燈效應是比想像中還容易犯的錯。

母親的遺產

最近「Girl crush」與「強勢姊姊」的形象大受歡迎，這些女性打破社會上強求女性要端莊的框架，討論起人生的主體性，扮演「強勢角色」的姊姊們有時會不吝於提出尖銳建議，而她們也越來越受歡迎。這些女性在歷經人生滄桑後得到了智慧，不過讓我們想想吧，我們身邊不是也有一位這樣的「強勢姊姊」嗎？沒錯，就是母親。媽媽就是我眼前的「強勢姊姊」，她是智慧的結晶，在模稜兩可的時刻，她是能夠一刀兩斷地把狀況切割清楚的那種帥氣姊姊。

對於糾纏不清的男女相愛之事，她們也有明快的答案，看狗血劇時，她們就是最好的解說員。

「完了，完了，直接分了吧。如果做到這種地步的話，就算有小孩也要分掉，回心轉意也沒用。」

「他才是問題人物，你以後就知道，就是因為有他這樣的人才會出事啊！」

就算是每天看的電視劇爸爸都會提出那種要從第一集開始說明的大規模問題，直接問：「那個人為什麼那樣啊？」，但是媽媽不論是狗血劇還是其他電視劇，就算是從中間才開始看起，都能在五分鐘內摸清狀況。

那對關於美食呢？媽媽的飯桌是米其林等級的美味餐廳，讓煎餅更加香脆的一百萬零二十二種方法就出自母親的手，每位媽媽都在經營自己的煎餅與醬菜研究所。

在日常生活或在錯綜複雜的人際關係中，她們大大小小判斷力令人眼睛為之一亮，我時常因為她們的智慧而感到驚訝。即使無法清楚解釋原因，但在某些情況下她們會發揮精準的直覺，令人吃驚。

好的決定是非常重要的，有些在企業高階職位上得到認可的人會炫耀自己的「直覺」很好，一個人的直覺好就代表他是感情豐富的人，若換個厲害一點的詞來說，那就是他會「心理模擬」，如果感覺不錯他們就會竭盡全力進行，如果覺得不對勁，就會暫時停下來觀察。乍看之下似乎是不科學、不理性的，但實際上我們所感受到的情感，大多是之前積累經驗所得出的數據結果。關於感覺氣氛「僵掉」的心情，其實是以前經歷過類似事情而心情變得很糟，而經驗上的判斷所發動的結果就是僵掉的心情。像這樣，在接到訊息的那一刻，大腦內的認知、解釋、判斷、決定等各式各樣的事情也會相互作用。

金慶日，《適當的生活》

所以，媽媽們在關鍵時刻的一句話都是有理由且充滿力量的重點。

「好像再放一件長袖進去會比較好。」

「今天不要去那裡比較好。」

「你看他的表情，今天這裡應該有發生一些事，快點出去吧。」

「這個人有點奇怪，很可疑。雖然很有禮貌，但總覺得有點不對勁。」

把媽媽的這種直覺與第六感當作心理模擬來聽時會帶給我們好運，我們就不會凍死，也不會捲入無謂的爭吵中，她們的這類直覺很發達，這絕對是傳給我們的智慧遺產。就算很多女兒實際上都常被母親折磨，但女兒們也沒有否認她們是多虧了母親才能體驗到充滿智慧的點點滴滴。母親雖然有時會控制我們、讓我們痛苦，卻又會與我們分享智慧的點滴，關於這樣的母親我蒐集了一些例子。

明熙小時候動過大手術，在肚子上留下了大疤痕。她長大疤痕也跟著長大，留下的痕跡好像越來越大了。明熙漸漸長大，親戚們都跟她說：

「明熙，你這樣不能穿比基尼了，是不是應該做個除疤的手術啊？」

明熙每次聽到這樣的話都會想：「啊……真的沒辦法穿比基尼了，但是反正因為胖也沒辦法穿……即使如此，要是沒有疤痕就好了。」然後有天明熙問媽媽：

「媽，再怎麼說我穿比基尼應該還是有點那個吧？疤痕是不是太大了？該不該去了解一下除疤的雷射手術？」

聽到這句話的明熙媽說：

「什麼意思？為什麼會有疤就不能穿比基尼？你是因為胖啊。而且媽從不覺得你肚子上的那個是疤，唉呦，這可是救了我女兒的痕跡耶，我覺得這是值得感恩的痕跡啊。」

明熙聽到母親的說法，獲得了對疤痕的新詮釋，之後她再也不覺得自己肚子上的傷口是疤痕，開始覺得：「原來這是把我救活的痕跡啊！」媽媽把傷疤變成治癒生命的痕跡，真是讓人感動到痛哭流涕。

秀英小時候曾因家道中落，經濟方面經歷了一段很艱難的時期。秀英的媽媽說由於情況越來越艱辛，沒辦法提供足夠的衣服、鞋子或零用錢給秀英和弟弟妹妹們，但媽媽說會給他們其他的東西代替。有天媽媽讓她穿上最乾淨、最俐落的衣服，說要帶她去某個地方，秀英問：「去哪啊？」之後她去了才知道是凱悅飯店大廳裡的咖啡廳，這裡不但有現場鋼琴演奏又有歌手唱歌，秀英的母親說即便沒錢人偶爾也要懂得享受這種文化。而且秀英媽會找市面上出的有趣又有益的錄影帶，很有情調地關燈播放來看，當時雖然貧窮，但躺著欣賞的錄影帶竟然是帕華洛帝、卡列拉斯等著名聲樂家的演出。後來秀英長大成人，就算過著經濟拮据、艱苦的生活，她還是會努力一點一點地存錢，沒有放棄看音樂劇或電影的樂趣。還有一次秀英媽在草莓季快結束時，在水果攤買了幾箱賣相不太好的草莓，把草莓全部都做成了果醬，因為份量實在太大，她記得那年真的吃了很多草莓醬。結果，往後即使實際上沒有吃很多草莓，只要一到草莓季她就會產生「唉呦，草莓真的吃夠了」的錯覺。因為沒錢而孩子又多，對於無法盡情讓孩子吃昂貴水果的母親而言，這就是屬於她的智慧。秀英和弟弟妹妹們想起與母親的回憶都會不由自主地感到：「我們的媽媽真的很有智慧啊。」

我有一位朋友說，她覺得自己應該是最有智慧的母親。她的老公太忙了，幾乎沒有時間和孩子們一起過，所以她會提前買好孩子們想要的東西，等爸爸在家的時候讓爸爸送給孩子們當作驚喜禮物。孩子們無論禮物是大是小，只要在他們收到爸爸送的禮物時發現禮物包含自己平時的渴望、願望與心事，他們就會覺得：「原來爸爸很關心我們啊，原來爸爸很珍惜我們！」雖然忙碌的丈夫經常無法和孩子們一起過，但多虧了這個舉動，孩子們真的很喜歡爸爸，到現在都覺得和爸爸一起玩很有趣。

母親們就是這麼有智慧的存在，她們經歷過的無數人生歷程，對於她自己的生活以及對女兒來說，也是一種智慧的遺產。

本書主要講述母親與女兒的心理，因此其中所談論的許多故事都與母親的功能障礙行為和扭曲的心理狀態有關。當然，我們周遭確實存在著那種如打結毛線球般的關係，但這並不代表媽媽們帶給女兒們的正向功能和愛會完全消失。

偶爾會看到夫妻中有一人去夫妻關係諮商診所，反而加深了夫妻間的矛盾，因為兩者中只有一方認知到問題，而當他對解決問題的理想越高，這種期待感會回歸成挫折，轉變為對配偶的責難。因此我有點憂心書中講述的負面效應說不定會對本書讀者造成影響。

但一碼歸一碼，母親與女兒的關係中，有扭曲的心態，也有母親的過錯，但同時母親給予我們的愛與奉獻也確實存在。希望你能把這一切都統整好，這就是為什麼本書的最後一個故事寫的是母親的智慧，雖然我們和媽媽發生激烈的爭吵與衝突，但深愛著媽媽也是事實。這本書並沒提到許多母親對女兒的正向功能，希望母親竭盡全力去愛女兒的那些高貴時刻，不會被母親功能障礙的部分所掩蓋掉。該解決的問題就去解決，問題與愛是兩碼事，希望你能維持好平衡，懂得珍藏好自己所感受到的愛。有些極為困難、複雜又模糊的問題連Google都無法告訴你答案，「媽媽」這個智慧的資料庫裡卻內建了無數的妙答，有媽媽對你來說無疑是莫大的祝福。

結語
希望母親與女兒能笑看彼此

寫這本書就像把放在抽屜櫃深處積滿灰塵的故事拿出來攤開一樣，對我個人而言，母親的故事就像阿基里斯腱或潘朵拉的盒子一樣。母親過世後的幾年間，我經歷了輕微的創傷後壓力症候群，我通常會在凌晨三點從夢中醒來後又睡著，再反覆醒來。夢的內容是一樣的，媽媽總是在生病，而我總是在外頭，因為沒辦法去找媽媽而急得直跺腳。從夢中醒來後，內疚與悲傷的感覺會迎面襲來。那個夢持續了幾年，我生養孩子後就沒有再夢到了。

但在我寫這本書時，時隔多年，我再次夢見媽媽。我打開我家的大門，媽媽站在那，瞬間我感到非常害怕，畏畏縮縮地想：「啊——我任意把媽的事寫進書裡，媽生氣了啊。」媽媽大步走進家裡，一邊走進房間換衣服一邊說：「你不要走，跟我談談吧。」我緊張地在客廳等媽媽，然後就醒了過來。寫這本書時我覺得有點對不起媽媽，難道是因為內疚才做這樣的夢嗎？後來我發現了一件事，有一點跟我過去的夢很不一樣，在夢裡我看到的媽媽已經沒有病痛了，她不是無力地等著我，竟然是媽親自來找我了，媽已經不再脆弱了。媽媽穿著牛仔褲與黑色皮夾克，留著短髮，看起來神采奕奕。

寫這本書的期間我長大了，而我內心深處的媽媽也長大了。在寫這本書的期間，我心中的媽媽有很大的一部分被統整起來了，之前看不見母親的孤獨與煩悶，如今我看到了，也看到了以前我曾經刺向母親的刺。直到我四十六歲才明白，關於以前那段讓我感到「被放任不管」的時光，也許是因為媽媽覺得太對不起我而無法輕易靠近我，只能在遠處看著我，我們之間的距離埋藏著媽媽對我的愛。所以人們才說人生是無可奈何的吧。

出版這本書要感謝很多人。感謝俞和京主編提案要做與母女關係有關的心理書，是她提出這個讓人心臟差點被嚇停的企劃案，也多虧了俞和京主編，我才鼓起勇氣說出我的故事。我也要感謝相信我並幫我出版書籍的銀杏樹出版社。感謝在撰稿時即時給我回饋的權老師與提供我許多例子女性們。然後我也要感謝一直支持我的家人，如果這本書暢銷的話，我就要每個人都送一份大禮，希望真的能有這一天。

最後是媽媽。

媽，過得好嗎？現在不痛了吧？對不起，沒有你的允許就任意揭露了我跟你的故事，但我相信我們的故事能安慰並修復許多受傷的母女。你有時候會說：「我好像白來這世界走了一遭。」不過就出版這本書的角度來看，媽的人生並沒有白費。謝謝你當時勇敢地生下我，謝謝你沒有離開我。雖然你在游泳池邊穿著燙得整整齊齊的洋裝，但現在我已經不會再誤會媽對我的愛了。謝謝你愛我，我愛你，我依然深愛著的母親……我就寫到這吧。

國家圖書館出版品預行編目(CIP)資料

母女的世界：愛有多少，傷害就有多少 有多親近，就有多麼埋怨/金志允著；陳思瑋譯. -- 初版. -- 臺北市：遠流出版事業股份有限公司, 2022.12
面； 公分. -- (大眾心理館)

ISBN 978-957-32-9788-8(平裝)

1.CST: 母親 2.CST: 女性心理學 3.CST: 親子關係

544.141 111015795

大眾心理館 372

母女的世界

愛有多少，傷害就有多少
有多親近，就有多麼埋怨

作　　者——金志允
譯　　者——陳思瑋

主　　編——許玲瑋
插　　畫——葉馥儀
行銷協力——林昂織
校　　對——魏秋綢
排　　版——立全電腦印前排版有限公司

發 行 人——王榮文
出版發行——遠流出版事業股份有限公司
地　　址——104005 台北市中山北路一段11號13樓
電　　話——（02）2571-0297　　傳　　真——（02）2571-0197
著作權顧問——蕭雄淋律師
遠流博識網 http://www.ylib.com

ISBN 978-957-32-9788-8
2022年12月1日初版一刷 定價380元